本书为深圳市哲学社会科学规划 2018 年度一般课题"人工智能大规模商用对深圳人力资源开发的影响与对策研究"（编号：SZ2018B013）成果

ARTIFICIAL INTELLIGENCE

人工智能对深圳人力资源开发的影响与对策研究

李亚军　著

暨南大学出版社
JINAN UNIVERSITY PRESS

中国·广州

图书在版编目（CIP）数据

人工智能对深圳人力资源开发的影响与对策研究/李亚军著．—广州：暨南大学出版社，2021.4
ISBN 978 - 7 - 5668 - 3123 - 1

Ⅰ．①人… Ⅱ．①李… Ⅲ．①人工智能—应用—人力资源开发—研究—深圳 Ⅳ．①F249.276.53 - 39

中国版本图书馆 CIP 数据核字（2021）第 043368 号

人工智能对深圳人力资源开发的影响与对策研究
RENGONG ZHINENG DUI SHENZHEN RENLI ZIYUAN KAIFA DE YINGXIANG YU DUICE YANJIU
著　者：李亚军
....

出 版 人：张晋升
策　　划：黄圣英
责任编辑：郑晓玲
责任校对：张学颖　黄亦秋　孙劭贤
责任印制：周一丹　郑玉婷

出版发行：暨南大学出版社（510630）
电　　话：总编室（8620）85221601
　　　　　营销部（8620）85225284　85228291　85228292　85226712
传　　真：（8620）85221583（办公室）　85223774（营销部）
网　　址：http：//www.jnupress.com
排　　版：广州尚文数码科技有限公司
印　　刷：佛山市浩文彩色印刷有限公司
开　　本：787mm×1092mm　1/16
印　　张：9.75
字　　数：187 千
版　　次：2021 年 4 月第 1 版
印　　次：2021 年 4 月第 1 次
定　　价：45.00 元

（暨大版图书如有印装质量问题，请与出版社总编室联系调换）

前　言

人工智能（Artificial Intelligence，AI）概念在 1956 年美国达特茅斯会议上被首次提出。60 多年来，人工智能的发展大致经历了两落三起的起伏历程。2016 年，谷歌 DeepMind 团队开发的 AlphaGo Lee 在一度被视为"人类智能堡垒"的围棋项目中以 4∶1 的比分战胜了人类顶尖棋手李世石九段，从而掀起了新一轮的人工智能热潮。与之前的人工智能发展浪潮相比，目前的人工智能在诸多领域已实现了商业应用，从而"真实地"走进了大众的认知视野。2017 年，国务院发布《新一代人工智能发展规划》，标志着人工智能发展已上升为国家战略。因此，今天的人工智能或者说新一代人工智能已不单单是一个技术领域的话题，而是一个与各类产业发展、社会进步、百姓生活乃至人类命运密切相关的综合性话题。围绕人工智能的技术研发、产业应用以及人工智能对人类社会可能产生的全面、深刻甚至革命性的影响方面的研究方兴未艾，众说纷纭。本书重点关注人工智能大规模商业应用可能给人的发展带来的影响，以及深圳未来人力资源开发的应对之策，主要包括以下内容：

一是人工智能综述。从人工智能的缘起、发展、现状、未来和概念界定等方面进行了综合性阐述。为了更准确地把握人工智能对人力资源开发的影响，笔者重点面向广东省内企事业单位人力资源从业人员开展了问卷调查，回收有效问卷 361份，比较全面地了解了目前企业人力资源部门对人工智能的认知情况。

二是人工智能产业发展与商业应用现状。从人工智能产业发展政策、全国和深圳的人工智能产业发展状况、人工智能在重点行业领域的商业应用场景等方面进行了梳理分析。

三是人力资源开发理论简述。重点从人力资源开发概念的发展、目前人力资源开发研究和实践中的主要问题、全面人力资源开发理念的提出等方面对人力资源开发理论的发展进行了简述。其中，全面人力资源开发理念的提出是本研究的创新性贡献，也是后续研究的基本分析框架。

四是人工智能大规模商用给人力资源开发带来的影响、挑战和机遇。宏观层面重点分析了对就业和收入分配的影响和挑战，中观层面重点分析了对学校教育和企业人力资源开发的影响和挑战，微观层面重点分析了对家庭教育和个体学习发展的影响和挑战，最后分析了人工智能给全面人力资源开发带来的新机遇。为进一步掌握人工智能对劳动力市场的影响，笔者对"前程无忧""智联招聘"等专业招聘网站上与人工智能相关的岗位需求进行了数据采集分析。

五是深圳人力资源开发的基础、现状与问题。从深圳人力资源开发的人口基础、学校教育、社会培训、卫生保健和人才流动五个维度进行了梳理分析，并从这五个方面分析了人工智能背景下深圳人力资源开发面临的困难与挑战。

六是人工智能背景下深圳人力资源开发的对策与建议。从策略选择以及政府、学校、企业、家庭和个体层面的应对方面提出了相应的对策与建议。

本书还在以下四个方面做了创新性探索：

一是综合应用经典概念观、样例理论、解释性概念理论，对人工智能的内涵、外延做了较为深入的分析，提出了对于人工智能定义的新认识，有助于纠正目前大众认知层面对人工智能概念认识上的偏差。

二是对人力资源开发研究和实践中存在的问题进行了剖析，提出了在人工智能时代要树立全面人力资源开发的新理念，搭建了全面人力资源开发的理论框架。

三是对人工智能影响就业的机理、人工智能时代教育应该培养什么样的人等热点问题进行了较为深入的分析，有助于人们对人工智能的影响做出更为理性的判断。

四是基于全面人力资源开发的理论框架，针对政府、学校、企业、家庭和个体在人工智能时代如何助推全面人力资源开发给出了应对之策。

作为经济特区，深圳已步入"不惑之年"，迎来了粤港澳大湾区和中国特色社会主义先行示范区"双区"建设新时代。笔者认为，人工智能时代的到来，对于深圳"双区"建设目标的实现既是挑战，更是机遇。深圳未来的人力资源开发不应拘泥于将人作为生产要素的传统发展理念，而更应关注如何实现城市发展和人的发展之间的良性互动，即人的发展本身就是城市发展的重要组成部分，人的发展既是城市发展的基本推动力，也是城市发展的目标和落脚点。因此，在深圳"十四五"时期乃至更长的发展阶段里，人力资源开发的策略选择应跳出对某一年龄段人口群体和某一人力资源开发领域的关注和投资的局限，从实现人力资源个体全生命周期开发的视角，从包括政府在内的各开发主体联动配合的角度，从影响人力资源成长的各开发领域的均衡投资角度，借助互联网、大数据、云计算和人工智能等技术手段，实施全面人力资源开发策略，将人的全面发展置于城市发展之先，将城市发展立于人的全面发展基础之上。

李亚军

2021 年 3 月

目 录

contents

第一章

人工智能综述

▷ ▶ ▷ ▶ ▶ ▷

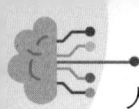

一、人工智能：缘起与发展

（一）人工智能的缘起：偶然与必然

人工智能（Artificial Intelligence，AI）概念在 1956 年美国达特茅斯会议上被首次提出。而在这之前的 1955 年，由约翰·麦卡锡主导起草的一份提交给洛克菲勒基金会围绕召开此次学术会议的项目申请书中出现了"Artificial Intelligence"一词，这被认为是人工智能概念在正式文件中的首次出现。[①] 人工智能概念的正式提出既有必然性又有偶然性。说是偶然，是因为尽管在前述的项目申请书中麦卡锡使用了"人工智能"一词，并且在达特茅斯会议上，麦卡锡这位与会者中最年轻的助理教授力排众议，坚持使用人工智能作为此次会议的主题，他也因此被后人普遍认为是"人工智能"一词的提出者，但晚年的麦卡锡却坦承"这个词最早是从别人那里听来的，但记不清是谁了"[②]。人工智能的历史就这样在不经意间开启了。但这偶然的背后却有着一定的必然，表现在两个方面：一方面，人类对自身智能、智慧、意识和思维等原初概念的思考几乎是与生俱来的，进而对"人造的智能"的梦想和探寻更是人类好奇心的天性使然。从古希腊神话中皮格马利翁的雕刻作品"加拉泰亚"和火神赫菲斯托斯制作的青铜巨人"Talos"，到中国古代传说中偃师制作的会跳舞的人偶和诸葛亮设计的"木牛流马"，再到 19 世纪巴比奇的"自动分析机"的设想[③]，当然还有当代以机器人和人工智能为主题的众多科幻电影，无论是神话传说还是科学幻想，人类对实现人工智能的梦想追求从未停歇，因此不管是冠以"人工智能"之名还是其他语言符号，"人造的智能"都必然会诞生。另一方面，相关科学的发展不断引领人类将用机器来完成之前被认为只能由人来完成的智能性工作的梦想逐步变为现实，人工智能并非横空出世。2 000 多年前的哲人亚里士多德的三段论使得逻辑推理迈上了形式化的轨道，为人工智能奠定了传统逻辑学的基础；17 世纪的德国数学家、哲学家威廉·莱布尼茨第一次用数学方法研究逻辑，尝

---

① 国务院发展研究中心国际技术经济研究所，等. 人工智能全球格局：未来趋势与中国位势 ［M］. 北京：中国人民大学出版社，2019.

② 尼克. 人工智能简史 ［M］. 北京：人民邮电出版社，2017.

③ 侯世达. 哥德尔、艾舍尔、巴赫：集异璧之大成 ［M］. 郭维德，等译. 北京：商务印书馆，1996.

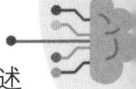

试用计算的方法来替代人类思维中的逻辑推理过程，开创了数理逻辑的先河；19 世纪的英国数学家乔治·布尔创立的"布尔逻辑"，实现了用符号来表示逻辑中的各种概念，奠定了计算机科学的基础[①]；美国数学家库尔特·哥德尔于 1931 年提出的"不完备性定理"，既预示了模仿人类智能的机器智能不可能超越人类智能，也揭示了机器智能可以无限逼近人类智能的发展前景[②]；英国数学家艾伦·图灵和美国数学家阿隆佐·邱奇则在 20 世纪 30 年代证明，一台仅能处理 0 和 1 二元符号的机械设备是能够模拟任意数学推理过程的，从而奠定了计算工程学的基础。如果说上述科学的进展为早期基于符号主义（逻辑主义）的人工智能的诞生奠定了理论基础，那么 20 世纪 40 年代基于美国数学家冯·诺依曼创立的与其同名的计算机架构而出现的电子计算机则为人工智能的诞生奠定了物理载体的基础。1950 年，美国科学家马文·明斯基等建造出第一台神经网络计算机，同年，美国数学家克劳德·香农在《哲学杂志》发表《计算机下棋程序》一文，开启了计算机下棋的理论研究，同样在 1950 年，艾伦·图灵在《计算机与智能》一文中阐述了"图灵测试"的构想，给出了判断一台机器是否具有人类智能的标准；1951 年，克里斯托弗·斯特拉切在曼彻斯特 Mark-Ⅰ计算机上成功开发了一款西洋跳棋程序；1954 年，美国逻辑学家马丁·戴维斯在一台名为"大强尼"的电子管计算机上完成了第一个定理证明程序，机器完成人类智能性工作自此开始成为现实；1955 年，美国西部计算机联合大会召开期间，在一场以"学习机讨论会"为主题的小型会议上，作为后来达特茅斯会议主要参与者的奥利弗·塞弗里奇和艾伦·纽厄尔分别以模式识别、计算机下棋问题为题进行了探讨，两位学者分别提出了以模拟神经系统或模拟人类心智来实现机器对人类智能模仿的研究思路，为日后人工智能发展方向上所谓"结构与功能"的对立埋下了种子。[③] 一切似乎都已水到渠成，1956 年，冠以"人工智能夏季研讨会"之名的达特茅斯会议的召开被广泛认为是"人工智能"正式诞生的标志。

（二）人工智能的发展：走向大众化

人工智能 60 多年的发展历程几经起伏，但每一次沉寂之后总能以更强劲的势

---

①　国务院发展研究中心国际技术经济研究所，等. 人工智能全球格局：未来趋势与中国位势［M］. 北京：中国人民大学出版社，2019.

②　蔡曙山. 哲学家如何理解人工智能：塞尔的"中文房间争论"及其意义［J］. 自然辩证法研究，2001，17（11）：18 – 22.

③　尼克. 人工智能简史［M］. 北京：人民邮电出版社，2017.

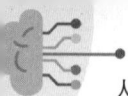

头再次进入人们的视野。为什么人工智能概念有如此旺盛的生命力和强大的感召力，能在非议和争论中走向统一，从专业术语转向大众化概念？可以从两个层面进行分析。

在学术层面，人工智能概念本身具有足够的学术争议空间，并在争议中不断被强化。人工智能概念在学术领域的争议一直不断，在达特茅斯会议上，纽厄尔和司马贺主张用"复杂信息处理"这样的表述来替代"人工智能"这样听起来容易让人误解的字眼；早期也有"人工思维"的提法，后来有学者坚持用"控制论"而拒绝使用"人工智能"；即使在今天，也有人认为将人工智能称为"机器智能"更合乎其本质。人工智能在学术领域"暴得大名"最早得益于美国哲学家休伯特·德雷福斯发表的一份名为"炼金术与人工智能"的报告，这份报告对人工智能进行了理论上的批判，由于他是以兰德公司顾问身份发表这份报告的，所以引起了较大的反响。后续包括德雷福斯在内的学者们对人工智能的批评一直不断，赛尔的"中文屋实验"和普特南的"缸中脑"等都可视为对人工智能比较严肃的批评。[①] 一方面，这些有分量的争议矫正和推动了人工智能的发展；另一方面，这些来自外部的批评事实上起到了凝聚人工智能领域科学家群体共识的作用，人工智能概念在本领域的认可程度得以大大提升。

在大众认知层面，人工智能进入更多人视野的主要推手有二：一是大量人工智能题材的影视作品中塑造的人工智能形象深入人心；二是在计算机博弈领域取得的多次重大突破带来的宣传效应。

数量众多的影视作品所塑造的人工智能形象大致可以分为三种类型：一类是拟人化的个体机器人，譬如美国电影《人工智能》中渴望成为真正人类小孩的机器人大卫、美剧《西部世界》中觉醒并向人类复仇的德罗丽丝等；另一类是虚拟化的人类助手，譬如美国电影《她》中可以与男主角谈恋爱的 OSI 系统、国产影片《流浪地球》中的人工智能系统 MOSS 等；还有一类则是最终脱离人类控制并企图主宰人类的超级人工智能系统，譬如美国电影《黑客帝国》中无所不在的 Matrix、在美剧《疑犯追踪》中斗法的善良的 The Machine 和邪恶的 Samaritan 两个人工智能系统等。[②] 尽管与现实中的人工智能相去甚远，但这些经典作品中的人工智能形象已深深印刻在无数观众的脑海中，在大众层面普及了对人工智能的认知。

---

① 尼克. 人工智能简史［M］. 北京：人民邮电出版社，2017.
② 国务院发展研究中心国际技术经济研究所，等. 人工智能全球格局：未来趋势与中国位势［M］. 北京：中国人民大学出版社，2019.

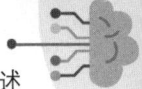

棋类游戏是运用和展现人类智能的最佳载体之一，研究让计算机下棋也就成了人工智能领域关注和努力的方向，在某种意义上，计算机下棋的历史也是整个人工智能发展史的缩影。图灵、冯·诺依曼、塞缪尔、伯恩斯坦、麦卡锡等人工智能领域的先驱们都曾参与到计算机下棋的研究中，特别是香农关于计算机下棋程序的研究思路在数十年后的"深蓝"和 AlphaGo 身上依然得到了一定程度的继承。计算机下棋最早是从西洋跳棋开始的，塞缪尔于 1956 年成功开发了具有自学习、自组织和自适应能力的西洋跳棋程序 Checkers，并于 1962 年战胜了当时美国的一个州冠军，这是机器第一次在较高水平的智力对抗中战胜人类，在当时引起了巨大轰动。① 20 世纪 80 年代末，由加拿大计算机科学家乔纳森·舍费尔团队开发的 Chinook 跳棋程序成功达到了人类顶尖跳棋选手的水平，该团队于 2007 年在 *Science* 杂志上发表的成果认为：只要人机对弈双方都不出错，结果只能是和棋。与跳棋相比，国际象棋要复杂得多，影响力也大得多，计算机下国际象棋的发展历程更为丰富多彩。从伯恩斯坦于 1958 年开发了第一款可以走完全局的国际象棋程序开始，陆续有很多研究团队开发了不同的计算机下棋程序，其间还有美国与苏联围绕这一领域展开合作与对抗的插曲。尽管随着算法的改良和计算机硬件水平的提高，国际象棋程序的水平也达到了相当高的水准，但还始终无法与人类顶尖棋手对抗。直到 1989 年，卡内基梅隆大学的许海峰带领团队开发的国际象棋程序的比赛积分达到了 2 400 分，从而成为第一个获得国际象棋特级大师称号的机器棋手。时间来到 1996 年，长期致力于人工智能研究的美国 IBM 公司推出了名为"深蓝"的计算机对弈系统，在与当时的国际象棋世界冠军卡斯帕罗夫的对战中先声夺人赢得一局，最终虽以 2∶4 的比分失利，但其实力已不容小觑。1997 年，经过进一步改良的"深蓝"在正常时限的 6 局比赛中以 3.5∶2.5 的比分击败了卡斯帕罗夫。在事后的回忆中，卡斯帕罗夫说："机器的表现超出我想象，它经常放弃短期利益，表现出非常拟人的危险。"②"深蓝"的胜利进一步证明了人工智能在特定领域已具备超越人脑的能力。而计算机下棋程序再次进入大众视野并成为引领新一轮人工智能浪潮的标志性事件是 2016 年谷歌 DeepMind 团队开发的 AlphaGo Lee 在一度被视为人类"智能堡垒"的围棋项目中以 4∶1 的比分战胜了人类顶尖棋手李世石九段。如果说李世石尚能在此次比赛中以"神之一手"扳回一局，从而让人们在震惊、沮丧之余

---

① 腾讯研究院，等. 人工智能：国家人工智能战略行动抓手［M］. 北京：中国人民大学出版社，2017.

② 尼克. 人工智能简史［M］. 北京：人民邮电出版社，2017.

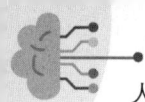

还不至于得出人类已经在与机器的智力对抗中彻底失守的话，那么 2017 年新版本 AlphaGo Master 在与世界围棋等级分排名第一的柯洁九段的对抗中，以 3∶0 完胜的结果则让"机器到底有多强的靴子落了地"。当人们在终局的直播画面中看到作为人类代表的柯洁流下难以名状的泪水时，不得不接受在完美信息博弈的棋类游戏中人类已经彻底输给了机器的事实。围绕 AlphaGo 的故事还没有结束，在战胜柯洁 5 个月后，DeepMind 团队再次推出了新版本 AlphaGo Zero，该版本使用新的强化学习方法，在不使用任何人类棋谱数据而仅仅明确落子规则和输赢规则的情况下，将之前老版本中采用的策略网络和价值网络合二为一，采用单一神经网络，借助其强大的搜索算法，通过自我对弈的方式学习，72 小时后即超越了 AlphaGo Lee（对战战绩为100∶0），40 天后超越了 AlphaGo Master（对战战绩为 89∶11）。

AlphaGo 的成功不止证明了人工智能在特定领域实现了对人类的完美超越，也在很大程度上给已经淡出大众视野多年的人工智能进行了一次极为成功的"事件营销"，成为新一轮人工智能浪潮的标志性事件。

二、人工智能：现状与未来

（一）人工智能的现状：广受关注又被普遍误解

当下，"没有哪个学科像人工智能这样广受关注，同时又被普遍误解"①。"广受关注"是符合事实的，但今天的人工智能显然已不再仅仅作为一个学科受到学术界的关注。在国家认知层面，习近平总书记在第十九届中央政治局第九次集体学习时的讲话中指出，"人工智能是新一轮科技革命和产业变革的重要驱动力量，加快发展新一代人工智能是事关我国能否抓住新一轮科技革命和产业变革机遇的战略问题"；2017 年 7 月，国务院发布实施《新一代人工智能发展规划》，标志着人工智能发展已上升为国家战略。在企业认知层面，华为技术有限公司总裁任正非在其接受的各种采访中多次主动提及人工智能话题，其在 2019 年年末接受外媒采访时表示"5G 之后，最大的机会窗口是人工智能，未来的社会变成什么样子，还是不可

---

① 张志祯，张玲玲，李芒. 人工智能教育应用的应然分析：教学自动化的必然与可能［J］. 中国远程教育，2019（1）：25 - 35.

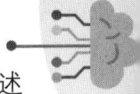

想象的"①；中国信息通信研究院与 Gartner Group 联合发布的《2018 世界人工智能产业发展蓝皮书》中的数据显示，截至 2018 年上半年，全球范围内共监测到的人工智能企业有 4 998 家，其中中国内地有 1 040 家，而这些企业的成立时间主要集中在 2014 年之后；2017 年全球人工智能投融资规模达到了 395 亿美元，其中中国的投融资额达到了 277 亿美元，占比 70%。在个体认知层面，腾讯研究院于 2017 年开展的一次网络调查显示，98.5% 的受访者认为人工智能已经具备了在语音、图像识别等方面的认知能力；中国信息通信研究院与中国人工智能产业发展联盟联合发布的《手机人工智能技术与应用白皮书（2019 年）》指出，"2018 年起，各主流终端厂商的旗舰机型均引入了人工智能元素，通过触屏、摄像头、语音等多种方式，更直接地满足用户需求，改变其生活方式"，在智能手机已成为大多数人"生活标配"的今天，人工智能的应用显然已经走进了大众生活并被人们所感知。

　　作为一项颠覆人类自我认知甚至可能影响人类最终命运的新学科、新技术，人工智能在诞生之初所面临的误解和偏见是可以想象的。在国际上，"人工智能刚刚出现时，面临的是一片攻击与嘲讽"②，乐观派们就人工智能发展预言的每每落空又给批评者们以更多口实；在国内，20 世纪 80 年代，社会上一度把"人工智能"与"特异功能"混为一谈，在批判时把两者一并斥为"伪科学"，而作为国内首部具有自主知识产权的人工智能研究专著《人工智能及其应用》的公开出版也曾一波三折③。如果说历史上对人工智能的误解更多是来自诸如"计算机不能干什么"这样的质疑，以及在人工智能实现路径上的"符号主义学派""连接主义学派""行为主义学派"之争④，其影响范围多局限于学术领域，那么在人工智能发展已上升为国家战略，并伴随诸多领域的大规模商用而步入大众生活的今天，对人工智能的关注、质疑乃至误解的范围早已超出了学术领域本身。结合之前提及的腾讯研究院的网络调查以及相关文献和业内人士的观点，这些疑问或误解可以简单归为三类：一是人工智能内涵的命题陈述问题，即人工智能是什么；二是人工智能外延的界定问题，即什么是人工智能；三是人工智能的发展问题，即人工智能将会怎样。

---

① 2019 年 11 月 5 日，任正非接受《华尔街日报》采访。2019 年 12 月 27 日，华为心声社区发布了此次采访纪要。
② 侯世达. 哥德尔、艾舍尔、巴赫：集异璧之大成 [M]. 郭维德，等译. 北京：商务印书馆，1996.
③ 蔡自兴. 中国人工智能 40 年 [J]. 科技导报，2016，34（15）：12-32.
④ 贲可荣，张彦铎. 人工智能 [M]. 3 版. 北京：清华大学出版社，2018.

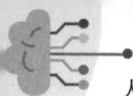

产生疑问或误解的原因是多方面的。首先，疑问和误解源于各界对人工智能不同于以往的高关注度。人工智能虽然并非新概念，但一些关键技术的突破，特别是大规模商业应用，却是近些年的事，与之前的人工智能发展浪潮相比，目前的人工智能在诸多领域已实现了商业应用，从而真实地走进了大众的认知视野。在商业力量的推动和各种舆论科普宣传的喧嚣声中，人们真实地体验到了人工智能给生产生活带来的改变，同时也不由自主地关注起人工智能可能带来的就业冲击等与自身利益切实相关的热门话题，甚至开始为人类未来的命运担忧。这种融入了真实体验和利益关切的高关注度是空前的，为各种疑问和误解的发酵提供了肥沃土壤。其次，疑问和误解也源于人工智能研究领域的复杂多样性。这一复杂多样性至少体现在三个层面：一是支撑人工智能发展的学科基础非常宽泛。至少包括数学、语言学、计算机科学、认知科学、哲学等大的学科门类，每一个大的学科门类下面又可以进一步细分出更具体的学科，譬如认知科学下面的认知心理学、认知神经科学、脑科学等。二是人工智能自身的研究领域非常宽泛。国际人工智能联合会（IJCAI）程序委员会将人工智能领域划分为约束满足问题、知识表示与推理、学习、多 Agent、自然语言处理、规划与调度、机器人学、搜索、不确定性问题、网络与数据挖掘等。这些领域通常又会进一步延伸出一些子领域，譬如机器学习依性质和策略的不同又分为机械学习、示教学习、类比学习、归纳学习和集成学习等，而其中的归纳学习依知识表示和获取的不同又可进一步区分为符号主义学习与连接主义学习（目前大热的深度学习是其代表）。[①] 三是人工智能成果的应用领域非常宽泛，具有普适性、可迁移性和强渗透性的特点[②]，有学者甚至将其归为与蒸汽机、电力、计算机等量齐观的"通用技术"[③]。譬如，在学术领域，如果将人工智能知识应用于某一学科，即"AI＋某一学科"，会诞生诸如计算历史学、计算社会学等新的学科研究领域。而在不同的行业领域，当某一垂直行业引入人工智能之后，即"某一行业＋AI"，就会引领该行业走向智能化方向，如智能教育、智能制造等。人工智能研究领域的复杂多样性在一定程度上模糊了其作为学科、技术和应用的明确边界，也为各种疑问和误解的产生提供了天然的土壤。最后，导致对人工智能产生疑问和误解的直接原因就是目前诸多文献资料中对于"人工智能是什么"的回答有很大差

---

① 贲可荣，张彦铎. 人工智能［M］. 3 版. 北京：清华大学出版社，2018.

② 李德毅. 人工智能导论［M］. 北京：中国科学技术出版社，2018.

③ 张志祯，张玲玲，李芒. 人工智能教育应用的应然分析：教学自动化的必然与可能［J］. 中国远程教育，2019（1）：25－35.

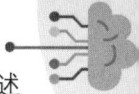

异，无论是本质内涵的描述还是外延范围的界定都存在模糊和争议的空间。也许在实用主义者眼中："管它什么是人工智能呢？只要机器能帮助人解决问题不就行了？"① 但谁又能否认无论是人类智能还是人工智能都是以知识为基础这一基本事实呢？"为了使计算机具有智能，能模拟人类的智能行为，就必须使它具有知识"②，在关于人工智能的现有定义中，尼尔森给出的定义被很多专业人士所认同，这一定义的基本命题就是"人工智能是关于知识的科学"。尽管对知识本身的定义也存在争议，但有一点是明确的，"知识的基本单位是概念"，人们正是借助概念来认识和理解这个世界。要想掌握好一门知识，必须从这门知识的基本概念开始学习，人工智能也不例外。我们总不能对一个想要步入人工智能学科大门开始学习的人说："这里有十多个甚至更多人工智能的定义，你自己看着办吧！"而据不完全统计，截至 2019 年 3 月，全国开设人工智能专业的本科院校已达到 35 个。③ 因此，虽然我们并不否认关注结果而非做过多形而上的争论这样一种实用主义思想的现实意义，但对人工智能概念进行更深入的讨论是必要的，正如科技部部长王志刚在给《人工智能读本》所做的序言中所言："什么是人工智能、人工智能的发展现状如何、怎样才能更好推动人工智能健康发展应该成为政府、企业和社会各界共同关注的议题。"

（二）人工智能的未来：长期处于弱人工智能阶段并将对就业产生巨大冲击

关于人工智能的未来发展，目前比较有影响力的观点大致有以下三种：一是从实现路径上将人工智能分为基于大数据利用而实现的"数据智能"和基于脑科学、认知科学对人类大脑运作机制的模拟而实现的"机制智能"，目前的人工智能更多是属于"数据智能"，"机制智能"将是未来的发展方向④。二是从实现程度上将人工智能分为弱人工智能、强人工智能和超人工智能，弱人工智能是指"专注于且只能解决特定领域问题"的人工智能，也被称为专用人工智能；强人工智能一般被认

① 李开复，王咏刚. 人工智能［M］. 北京：文化发展出版社，2017.

② 李德毅. 人工智能导论［M］. 北京：中国科学技术出版社，2018.

③ 郑南宁. 人工智能本科专业知识体系与课程设置［M］. 北京：清华大学出版社，2019.

④ 国务院发展研究中心国际技术经济研究所，等. 人工智能全球格局：未来趋势与中国位势［M］. 北京：中国人民大学出版社，2019.

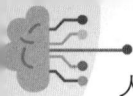

为是"可以胜任人类所有工作的"人工智能，也被称为通用人工智能，衡量标准是至少能通过"图灵测试"；超人工智能可被定义为"在科学创造力、智慧和社交能力等每一方面都比最强的人类大脑聪明很多的智能"①。显然，目前的人工智能只处于弱人工智能阶段，甚至只是弱人工智能的初级阶段；关于强人工智能，则如国际人工智能联合会前主席 Wooldrige 教授 2016 年所言，"几乎没有进展"，甚至"几乎没有严肃的活动"②；至于超人工智能，目前应归于科学幻想的范畴。三是从实现类型上将人工智能分为运算智能、感知智能、认知智能和创造智能③。目前，计算机在运算智能上早已远超人类，在感知智能上也取得了很大进展，而认知智能和创造智能将是未来人工智能实现突破的难点和重点。总体而言，在脑科学、认知科学等领域对人类智能本质的研究尚未取得突破性进展，基于传统架构的计算机硬件瓶颈等制约因素使得人工智能在可见的将来迈向强人工智能的可能性是极低的，人工智能的研究和应用将长期处于所谓的弱人工智能阶段。

关于人工智能的影响，最现实的讨论集中于人工智能对劳动力市场的冲击，各方的判断不一。以麦肯锡公司等为代表的机构认为冲击会很大，"未来相当比例的人类活动都可能被人工智能替代，这种替代并不像以往机械臂取代人力那么简单，甚至公司 CEO 的一些经营管理决策都可能被替代"④；而罗兰·贝格公司的研究认为，"人工智能每破坏掉 100 份工作，就将直接创造 16 份新工作，这些工作主要集中在对人工智能解决方案进行设计、执行与维护的岗位。考虑到人工智能将持续推动生产力发展，也将为创造新工作提供平台，加上人工智能间接创造的工作，到 2025 年，整个就业市场就将几乎回到原有的平衡状态"⑤。斯坦福大学的一份报告则认为，"就业领域的变化通常是渐进的，不会出现剧烈的过渡。在短期内，人工智能很有可能会取代任务，而非工作，同时还将会创造新类型的工作。但新类型的工作比将可能失去的已有工作更难以想象。尽管突变是不太可能发生的，但人工智能会逐渐侵入几乎所有就业领域，并在计算机可以接管的工作上替换掉人力"⑥。

① 李开复，王咏刚. 人工智能［M］. 北京：文化发展出版社，2017.
② 贲可荣，张彦铎. 人工智能［M］. 3 版. 北京：清华大学出版社，2018.
③ 李德毅. 人工智能导论［M］. 北京：中国科学技术出版社，2018.
④ 张国. 人工智能时代需要"游牧"的学生［N］. 中国青年报，2017 – 03 – 27（12）.
⑤ 罗兰·贝格管理咨询公司. 人工智能驱动型企业［R/OL］.（2018 – 06 – 29）. http://www.rolandberger.com/zh/Publications/人工智能驱动型企业. html.
⑥ 斯坦福重磅报告：2030 年的人工智能与生活［R/OL］.（2017 – 12 – 07）. https://www.sohu.com/a/208936691_ 236505.

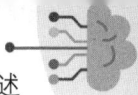

无论最终上述哪种判断更接近事实，对大众个体而言，在变革的时代，即使没有人工智能的冲击，也会有其他技术造成对"人力"的替代，"没有稳定的工作，只有稳定的能力"才是更有价值的判断。让机器做机器擅长的事，让人类做人类擅长的事，人机协作也许才是值得期待的未来工作场景。

无论是期待还是担忧，新一代人工智能都已然掀开了人类生产生活方式变革的序幕。伴随人工智能相关科学研究的推进、技术层面的突破和应用的普及，今天我们所建立起的关于人工智能的认知也将面临矫正乃至重新改写，这也正是人工智能话题研究的魅力所在吧。

三、人工智能概念辨析：理论基础、内涵和外延

人工智能从诞生之初作为只被少数专业人士论及的"阳春白雪"，到今天已发展为"走入寻常百姓家"的大众化概念。关于人工智能的定义有很多，以至于"很多时候，人们彼此之间谈论的人工智能其实并非同一概念"[①]。有学者认为，"偏重实证是近年来人工智能研究的主流倾向，在今天这个结果至上的时代里，没有多少人愿意花心思推敲人工智能到底该如何定义"[②]。尽管不能否认关注结果而非做过多形而上的争论这样一种实用主义思想的现实意义，但知识由概念组成，概念是构成人类知识世界的基本单元。在"加快发展新一代人工智能是事关我国能否抓住科技革命和产业变革机遇的战略问题"[③] 的背景下，如何清晰、准确地定义人工智能，依然是一个不容回避的理论和现实问题。

（一）人工智能概念探讨的理论基础：概念理论的发展

"概念理论是认知科学的核心理论，只有说清楚了概念问题，才能真正把握认知科学的本质。"[④] 概念研究的历史源远流长，至少可追溯到亚里士多德的《范畴

---

① 腾讯研究院，等. 人工智能：国家人工智能战略行动抓手［M］. 北京：中国人民大学出版社，2017.

② 李开复，王咏刚. 人工智能［M］. 北京：文化发展出版社，2017.

③ 人工智能简明知识读本编写组. 人工智能简明知识读本［M］. 北京：新华出版社，2017.

④ 戴潘. 福多"概念"理论研究［D］. 上海：复旦大学，2010：63 - 64.

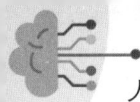

篇》。在认知语言学里，范畴和概念名虽异但所指实同，范畴划分就是一个概念形成的过程，每个概念对应一个范畴。① 本书在引用相关文献和分析时，对概念和范畴并未加以区分，而是等同使用。

1. 基于严格规范的经典概念观

以亚里士多德为代表的经典概念观认为，"所有概念都可以被定义"；概念在结构上由概念名、概念的内涵和概念的外延三部分构成。概念名由一个词项来表示；内涵由一个命题来表示，反映和揭示概念的本质或特有属性；外延由概念指称的具体实例组成，是一个满足概念内涵的所有事物构成的经典集合。② 经典概念观在对事物的分类和解释上严格遵循以下三个核心规则：一是二值法则。一个事物要么属于概念内涵规定的范畴，要么不属于，别无他者。二是充分必要条件。概念是范畴的概括性心理表征，由一组充分必要特征组成。三是成员平等原则。一个概念外延内的各成员地位相等。③ 经典概念观以其一定的解释力和模型简约的优势，在概念研究中长期占统治地位。④ 但基于严格规则的经典概念观在构建日常生活中的很多概念时面临困难，譬如我们很难给出一个针对猫或狗的符合经典概念观要求的定义。

2. 基于统计意义的相似性概念理论

柏拉图曾质疑概念的可定义性。⑤ 而真正动摇经典概念观并开启新概念理论研究的是维特根斯坦，他在《哲学研究》一书中以"游戏"概念为例，论述了范畴边界的不确实性、中心成员与边缘成员的区别以及隶属度，并由此提出了"家族相似性"原理。该原理的提出开创了"基于相似性认识和判断也可以形成概念"⑥ 的崭新思路，为概念理论的深入研究打开了关闭已久的大门，推动了多个基于相似性

① 赵小娜. 概念是如何产生的：从哲学和语言学的视角看［J］. 华中师范大学研究生学报，2013（2）.

② 王寅. 范畴三论：经典范畴、原型范畴、图式范畴：论认知语言学对后现代哲学的贡献［J］. 外文研究，2013（1）.

③ 赵艺. 论概念研究的转向［J］. 湖南科技大学学报，2005（3）.

④ 赵小娜，高新民. 概念起源问题的新问题及其解答［J］. 江海学刊，2014（3）.

⑤ 邵志芳. 概念的多重表征形式及其双极结构模型［J］. 华东师范大学学报（教育科学版），2006（4）.

⑥ 赵小娜，高新民. 概念起源问题的新问题及其解答［J］. 江海学刊，2014（3）.

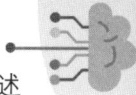

特征的新概念理论的诞生，其中影响力较大的当属原型理论和样例理论。①

对原型理论的形成贡献最大的是美国心理学家罗施。② 罗施最初将"原型"定义为在一个范畴形成过程中发挥着特别重要作用的刺激物。在后续的研究中，她进一步将"原型"定义为在一个范畴当中最为中心的那个项目。原型理论的基本观点有：①一个概念范畴由原型和非原型成员构成，各成员的地位是不平等的。②概念由原型来表征，可以有两种不同的表征形式：一是以范畴内具体的、典型的代表作为"原型样本"加以表征；二是原型并不指向某一具体样本，而是以基于范畴各成员抽象出的概括性图式加以表征（概括性图式与经典概念观中的内涵表示的不同在于，同样是抽象和概括事物的共性，后者强调精确性和同一性，而图式可以通过不太精确的描写抽象出一类事物的共性）。③范畴成员不需要有某些共同的必要条件，其"家族相似"程度按其有多少原型特征来衡量。④范畴的边界是模糊的，相邻范畴可能互相重叠和渗透。原型理论颠覆了经典概念观几乎所有的基本规则，也解开了困扰经典概念观的诸多难题，诸如经典概念观严格的定义规则之下很多概念难以定义的问题等。此外，原型理论的提出也改变了"人们过去只基于抽象的先验性猜想的方法去论述'概念'"③ 的传统模式，开辟了重视实证研究、关注事物本身的研究思路和方法。

样例理论被认为是原型理论的进一步发展，有学者甚至认为原型理论就是"特殊意义上的样例学习理论"④。同原型理论相比，样例理论在抛弃"抽象、概括等思维形式在概念形成中的作用"的道路上更进一步，以更为灵活多样的样例取代了相对更难以获得的"原型样本"来实现对事物的范畴化，从而提升了人们认识事物并获得相应概念的能力。

原型理论和样例理论共同的理论原点是"家族相似"原理；同时，无论是原型还是样例的选择，以及相应特征的确定，都带有或然性，是统计上频率较高的范畴成员或较突出的特征。本书将这一类新概念理论统称为"基于统计意义的相似性概念理论"。

---

① 赵艺. 论概念研究的转向［J］. 湖南科技大学学报，2005（3）.

② 王寅. 范畴三论：经典范畴、原型范畴、图式范畴：论认知语言学对后现代哲学的贡献［J］. 外文研究，2013（1）.

③ 赵小娜，高新民. 概念起源问题的新问题及其解答［J］. 江海学刊，2014（3）.

④ 邵志芳. 概念的多重表征形式及其双极结构模型［J］. 华东师范大学学报（教育科学版），2006（4）.

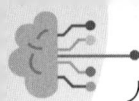

3. 基于背景知识的解释性概念理论

相似性概念理论将概念研究推向了一个新高度，但其也面临一些难以解释的问题。对这些问题的思考和回答推动了基于背景知识的解释性概念理论的诞生，其中影响力较大的是概念理论论和信息原子论。① 在它们看来，相似性概念理论过于关注事物的表面特征，而这对理解概念是远远不够的，因为概念是一种复杂的心理实在，概念形成的过程不限于典型事例的确认和特征的认知、匹配，还内含了关于因果机制、目的、隐藏特征等知识或信息。

概念理论论的基本观点是："概念是关于所表征的范畴的一种缩小的理论"②；概念是通过复杂的因果关系和解释网络表达的；人们对事物进行分类时，不但比较事物与概念表达之间的特征的相似性，而且基于人们对世界的理解；正是人们关于世界的知识为范畴的划分提供了基础。信息原子论的基本观点是：几乎所有的概念都是没有结构的符号，因而是原子性实在；概念携带着关于环境的信息，并因"信息的特殊性而具有自己的个体性和同一性"③。由于概念理论论和信息原子论都强调概念的形成离不开对特定环境知识或信息的获取，离不开对特定背景知识的分析解读，因此本书将这一类新概念理论统称为"基于背景知识的解释性概念理论"。解释性概念理论并不完美。譬如，概念理论认为概念是理论，而一般认为理论是由概念构成的，这不是一种定义循环吗？而信息原子论的主要问题在于：无结构的概念又是如何实现范畴化的呢？

4. 包含丰富背景知识的复杂概念需要多种概念理论的综合性阐释

通过对概念理论发展历程的梳理可以发现，迄今所有的概念理论都不完美，新的理论在否定或完善之前的理论从而具备了一定的解释力的同时，也不可避免地具有各自的局限性和片面性。为此，研究者们一方面在做特定理论的自我完善，另一方面则在做理论间的互补融合，以期提高理论的解释力，譬如新经典概念观的提出、样例理论与原型理论的结合等，但鉴于概念表征在逻辑的严密性和解释的灵活性上具有难以调和的矛盾，上述融合的努力注定难以取得理想的成效，也鉴于概念形式的复杂多样性，以及研究目的各异，用一种概念理论来完成对所有概念的解释

---

① 赵艺. 论概念研究的转向 [J]. 湖南科技大学学报，2005（3）.

② 赵小娜，高新民. 概念起源问题的新问题及其解答 [J]. 江海学刊，2014（3）.

③ 赵小娜，高新民. 概念起源问题的新问题及其解答 [J]. 江海学刊，2014（3）.

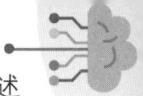

是不可能完成之任务。更为现实的思路是：不同的概念形式可以用不同的概念理论来解释；一个复杂的、包含了更多背景知识的概念可以用多种概念理论来综合阐释。

人工智能就是这样一个蕴含着丰富背景知识，同时又存在广泛认知差异的复杂概念。因此，本书力图借鉴经典概念观的结构框架，对人工智能概念名所蕴含的背景知识做深入的解释性分析，借鉴基于统计意义的相似性概念理论给出人工智能的内涵和外延定义，从而建立对人工智能更为立体和丰富的认知。

（二）人工智能概念名分析

"人工智能"（Artificial Intelligence）是由"人工"和"智能"组成的复合概念。理解人工智能的概念，首先应明确"人工"和"智能"的含义以及更多的背景知识。

1. 对"人工"的理解

对"人工"一词的理解似乎是简单的，其对应的英文"Artificial"一词在牛津词典中被译为"人工的、人为的、非自然的"，意指对自然存在事物的模拟或复制，进而制造出相应的"人工"制品。伴随人工智能的发展和人们对人工智能认识的深化，今天人工智能中的"人工"一词所蕴含的背景知识丰富了很多，主要体现为以下几点：

一是"人工"的目的性。无论出于何种动机，无论能否成功制造出来，"人工"都带有一定的目的性。以人工智能中的"人工"为例，其目的性体现为要用人工方式制造出"对人类智能的模拟、拓展和延伸"的人造物。

二是"人工"制品主体的非自然性。特别要强调"人工"制品的主体（部分）应该是非自然的。之所以要强调人工智能的非自然性，意在将人工智能与同样具有一定智能的其他生物区分开来。譬如，经过人工训练的狗可以成为一只工作犬，但显然我们不会把这只狗视为人工智能。再如，一个大脑中植入了智能芯片的人是不是人工智能呢？显然我们只会把智能芯片视为"人工"制品而不会把这个人视为"人工"制品。此外，从人工智能的实现路径上看，通过生物技术方式创造出"人工智能"的可能性并不能被排除，但那样的"人工智能"应被称为 SI（Synthetic Intelligence）而不是 AI（Artificial Intelligence）。

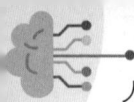

三是"人工"制品的可控性。脱离人类控制显然不是发展"人工"的本意。人们对人工智能发展到一定阶段后会脱离人类控制的担心不仅仅出现在科幻电影中,从早期阿西莫夫提出的"机器人三定律"到近期近千名人工智能相关领域专家联合签署的《阿西洛马人工智能原则》都试图为可能脱离人类控制的人工智能画定红线,特别是后者,明确了人工智能发展中的"人类控制""价值观一致"等原则。①

2. 对"智能"的理解

对"智能"的理解关系到"人工"目的性的实现和"人工"努力的方向。"智能"对应的英文单词是"Intelligence",牛津词典翻译为"智力、才智、智慧",《现代汉语词典》中的"智能"被解释为"智慧和能力"。在斯加鲁菲看来,"智能"一词在人工智能发展特别是大众化的热潮中被滥用,存在词意不清、定义不明的问题,至今依然没有明确的定义。② 这一是源于哲学家、心理学家或神经生物学家们研究视角的不同;二是由于"智能"本身包含的背景知识是复杂多样的,很难从单一向度对其加以抽象概括。笔者认为,就人工智能中的"智能"而言,可以做以下多维度阐释:

一是智能的载体并不唯一。智能并不独属于人类,"不同的动物物种具有不同程度的智能"③。在赫拉利看来,人类因为"有较大的大脑、会使用工具、有超凡的学习能力,还有复杂的社会结构"④,从而成为地球上最强大的动物。人工智能对"智能"的模拟主要是以人类智能为对象,但一些算法的灵感确实来自其他动物。譬如,群智能算法就是受蚂蚁、蜜蜂等动物群体智能的启发而诞生。⑤

二是智能的结构是多元的。人们"对于智能是否能够分割一直存在无休止的争论"⑥,美国学者加德纳开创的多元智能理论研究在一定程度上平息了这样的争论。他认为,人的智能是一组至少包括"语言智能、音乐智能、逻辑—数学智能、空间智能、身体—动觉智能、认知智能"等在内的多种独立智能的组合,当代神经科学

---

① 国务院发展研究中心国际技术经济研究所,等. 人工智能全球格局:未来趋势与中国位势 [M].北京:中国人民大学出版社,2019.

② 皮埃罗·斯加鲁菲. 智能的本质 [M]. 任莉,张建宇,译. 北京:人民邮电出版社,2017.

③ 史蒂芬·卢奇,丹尼·科佩克. 人工智能 [M]. 2 版. 林赐,译. 北京:人民邮电出版社,2018.

④ 尤瓦尔·赫拉利. 人类简史 [M]. 林俊宏,译. 北京:中信出版社,2014.

⑤ 李德毅. 人工智能导论 [M]. 北京:中国科学技术出版社,2018.

⑥ 霍华德·加德纳. 智能的结构 [M]. 沈致隆,译. 杭州:浙江人民出版社,2013.

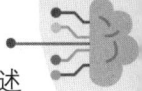

和脑科学的一些研究为这一理论提供了支撑。目前人工智能在上述智能领域或多或少都取得了一定进展。

三是智能的能力性表述。尽管将智能与思维、知识、智力等字眼联系起来进行表述并不鲜见，但更多关于智能的表述是与"能力"一词相连的。譬如，"智能是个人从经验中学习、理性思考、记忆重要信息，以及应付日常需求的认知能力"[①]。在一部分人工智能研究者看来，智能就是一个由"获取有用信息的能力、由信息生成知识（认知）的能力、由知识和目的生成策略的能力、由实施策略获得效果的能力"组成的"四位一体"的概念[②]，这一逻辑与人工智能流派中的符号主义和连接主义的主张是相一致的。

四是智能的行为性体现。人工智能流派中的行为主义主张"智能取决于感知和行动，不需要知识、表示和推理，只需将智能行为表现出来就好"[③]，认为能更好体现智能的还是对行为的观察。虽然一些动物如黑猩猩被认为具有一定的自我意识，但人类的智能行为表现就整体而言大大超越了动物，原因在于：一是基于超强学习能力而形成的对自然规律和社会规则的掌握与遵从；二是基于"一脑万用"所体现出的在语言沟通、工具应用和行为表现上的灵活多样性。而目前人工智能对在人类看来轻而易举的行为的模拟和一些最基本的人类常识的理解上还处在明显的初级阶段。

五是智能衡量标准的变化。由于智能的定义并不统一，其衡量标准自然难以确定，人们通常会以人类的智能水平为标杆来衡量其他动物的聪明程度，但这都是相对而言的。对人工智能中的"智能"的衡量就更让人纠结了，麦卡锡曾经"抱怨"：一旦人工智能解决了某个问题，我们就不再把它当成"人工智能"了。智能的衡量标准在不断变化，一定程度上导致了人工智能概念在大众认知层面的混乱。

上文将人工智能从概念名上分解为"人工"＋"智能"并予以解释，一方面拓展了对人工智能概念的认识深度，另一方面这个"＋"似乎不经意间也为揭示人工智能的本质和未来走向添加了一个新的注脚：人工智能的实现以及人工智能服务人类的过程离不开人与机器的协作，"最强的……既不是人工智能，也不是人类，而是人类和人工智能组成的团队"，"未来人类与人工智能进行实际意义上的协作将

① 史蒂芬·卢奇，丹尼·科佩克. 人工智能［M］. 2版. 林赐，译. 北京：人民邮电出版社，2018.
② 贾可荣，张彦铎. 人工智能［M］. 3版. 北京：清华大学出版社，2018.
③ 李德毅. 人工智能导论［M］. 北京：中国科学技术出版社，2018.

成为常态"①。

（三）人工智能概念的内涵

概念内涵是判断人们对概念理解与否的基本标准。内涵又分为主观内涵、客观内涵和规约内涵。而通常采用的是概念的规约内涵，它既不求全责备，又可以被大众接受，是通过规约方式确定的可被公众使用并广泛理解的内涵。内涵的定义方法并不唯一，但对包含着一个以上指谓对象的复杂概念而言，属加种差定义是最为常用的内涵定义方法。② 要给概念下一个属加种差定义，首先要确定概念的属，给定的属中的所有元素都具有某些共同特征；然后确定概念在这个属中的种和种差，种里面的元素又共享某些更进一步的属性，这些更进一步的属性将其与其他种里面的元素区分开来，形成所谓的种差。

作为一个典型的复杂概念，采用属加种差定义方法同样是对人工智能共有属性和特有属性最好的刻画方式。表 1 - 1 给出了目前多种文献中记录的 20 个人工智能的定义，并依据定义中可被提取的属和种差进行了简化分析和分类。关于人工智能属的确定，在 20 个定义中，有 8 个将其归于科学（学科）范畴，即人工智能是一门科学或学科，研究的侧重点包括知识科学、行为科学、技术科学等；有 7 个归于工程（技术）范畴，即人工智能是一项工程或技术，实现的路径包括综合系统、知识信息处理系统、自动化、计算技术、智能主体等；还有 5 个则归于综合范畴，即人工智能是科学（学科）与工程（技术）的综合，综合的思路又区分是以计算机或机器的能力开发还是满足人类更高需求为导向。属的确定规定了人工智能这个种在大的方面所具备的基本属性，即人工智能是一门科学（学科）还是一项工程（技术），或者是二者的综合。

---

① 国务院发展研究中心国际技术经济研究所，等. 人工智能全球格局：未来趋势与中国位势［M］. 北京：中国人民大学出版社，2019.

② 欧文·M. 柯匹，卡尔·科恩. 逻辑学导论［M］. 13 版. 张建军，潘天群，顿新国，等译. 北京：中国人民大学出版社，2014.

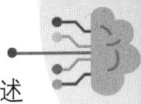

表1-1 人工智能主要属加种差定义及分析

序号	定义提出者或出处	定义	种差（提取）	属（提取）	范畴归类
1	明斯基	人工智能是一门让机器做本需要人的智能才能做到的事情的科学	让机器具备人类行为能力的	科学	人工智能是一门科学或学科。研究的侧重点包括知识、机器或计算机行为、技术、计算等
2	尼尔森	人工智能是关于知识的科学，即表示知识、获取知识和使用知识的科学	关于知识表示、获取和使用的	（知识）科学	
3	中国人工智能学会	人工智能是一门利用计算机模拟人类智能行为的科学，涵盖了训练计算机使其能够完成自主学习、判断、决策等人类行为的范畴	让计算机模拟人类智能的	（行为）科学	
4	百度百科	人工智能是一门研究、开发用于模拟、延伸和扩展人的智能的理论、方法、技术及应用系统的新的技术科学	研发模拟、延伸和扩展人的智能的	（技术）科学	
5	马少平等	人工智能是一门研究如何制造出人造智能机器或智能系统，以模拟人类智能活动、延伸人类智能的科学	研究人造智能机器或智能系统，模拟人类智能活动、延伸人类智能的	科学	
6	贾可荣等	人工智能是一门研究理解和模拟人类智能、智能行为及其规律的学科，其主要任务是建立智能信息处理理论，进而设计出可以展现某些人类智能行为的计算系统	研究理解、模拟人类智能、智能行为及其规律的	学科	
7	温斯顿	人工智能是那些使知觉、推理和行为成为可能的计算的研究	关于知觉、推理和行为的	计算的研究	
8	尼尔森	人工智能是关于人造物的智能行为，包括知觉、推理、学习、交流和在复杂环境中的行为	关于人造物的	智能行为	

（续上表）

序号	定义提出者或出处	定义	种差（提取）	属（提取）	范畴归类
9	费根鲍姆	人工智能是一个知识信息处理系统	处理知识信息的	系统	
10	罗素、诺维格	人工智能是像人一样思考的系统、像人一样行动的系统，理性思考的系统、理性行动的系统	像人一样思考和行动、理性思考和行动的	系统	人工智能是一项工程或技术。实现的路径包括知识信息处理系统、自动化、计算技术、智能主体等
11	卡普兰	人工智能系统能正确解释外部数据，从这些数据中学习，并利用这些知识，通过灵活适应实现特定目标和任务	具备灵活解决问题能力的	知识信息处理系统	
12	贝尔曼	人工智能是那些与人的思维相关的活动，诸如决策、问题求解和学习的自动化	人类决策、问题求解和学习的	自动化（技术）	
13	布鲁克斯	每当我们领会了一种（人工智能）技术，它就会神奇地终止，我们会说，哦，这只是个计算	不断被突破的	计算技术	
14	罗素、诺维格	人工智能是关于智能主体（Agent）的研究与设计；智能主体指一个可以观察周遭环境并做出行动以达至目标的系统	理性的	智能主体（研究与设计）	
15	维基百科	人工智能通常是指通过普通计算机程序来呈现人类智能的技术	通过计算机程序来呈现人类智能的	技术	

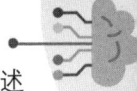

（续上表）

序号	定义提出者或出处	定义	种差（提取）	属（提取）	范畴归类
16	麦卡锡	人工智能是使一部机器的反应方式就像一个人在行动时所依据的智能	反应方式像人一样的	机器智能（科学与工程）	人工智能是基于计算机（机器）的科学研究与工程实现的综合。综合的目标导向包括计算机（机器）的实现能力、满足人类更高需求等
17	温斯顿	人工智能是研究如何使计算机去做过去只有人才能做的富有智能的工作	具备人类独有（行为）能力并执行任务的	计算机（科学与工程）	
18	豪格兰德	人工智能是一种使计算机能够思维、使机器具有智力的激动人心的新尝试	使计算机能够思维、使机器具有智力的	新尝试	
19	理查·奈特	人工智能是研究如何让计算机做现阶段只有人才能做得好的事情	具备媲美人类能力的	计算机（科学与工程）	
20	伊莱恩·理查德	人工智能是研究如何使计算机在什么地方、什么时刻使人生活得更好	按照人类需求来提供的	计算机（智能化服务）	

资料来源：根据罗素等著《人工智能：一种现代的方法》、贲可荣等编著《人工智能》、马少平等编著《人工智能》、李开复等著《人工智能》、李德毅主编《人工智能导论》、史蒂芬·卢奇等著《人工智能》、雷·库兹韦尔著《奇点临近》等教材和专著，以及中国人工智能学会、百度百科、维基百科等机构、网站采用的人工智能定义整理而得。

　　上述定义大多来自人工智能领域的知名学者和权威机构，基本上代表了目前人们对人工智能的认知水平。但显然，如果人工智能只是一门科学或学科，那么从事人工智能研究的目的是什么？如果人工智能只是一项工程或技术，那么人工智能工程或技术实现的理论基础又是什么？第三个设问则是：今天的人工智能又是如何成为一个大众化概念的？沿着以上思路似乎可以得出这样的结论：将人工智能这个种只归于某个特定的属，从而刻画出其本质属性，是困难的。今天的人工智能既是融

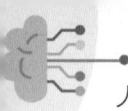

合了自然科学、社会科学研究的前沿交叉学科，又是集计算机软硬件系统、知识工程、自动化、机器人制造等于一身的综合性技术。而科学研究和技术实现最终都要落脚于各种"让人生活得更好"的产品或服务的应用，从而为大众所感知和接受。也就是说，人工智能既是科学（研究）的范畴，又是工程（技术）的范畴，还是产品（应用）的范畴。

沿着前文所述的基于统计意义的相似性概念理论的思路，可以从这些人工智能的经典定义中梳理出那些被着重强调和特有的属性特征，以期更全面地刻画出人工智能的本质。在全部定义中进行搜索，出现频率最高的语词依次是：人（类）20次、智能19次、计算机（机器）12次、系统10次、行为8次，科学6次。其他出现较多的语词还有技术、学习、模拟、思维、能力等（鉴于用"智能"一词来界定人工智能会带来定义循环的弊端，本书在定义人工智能时回避了该词）。

在此基础上，本书尝试对人工智能的内涵做如下定义：人工智能是以人的思维和行为模拟为研究对象、以计算机软硬件系统和各类人造机器为实现载体、以不断拓展人类能力和满足人类需求为目标的科学研究、技术实现和产品应用。

对此定义可做如下解读：一是从共有属性来讲，人工智能是一个涵盖了科学研究、技术实现和产品应用的综合范畴，而不是一个单一范畴。二是从特有属性来讲，人工智能是以对人的思维和行为模拟为研究对象的科学（在这里，思维是对智能的抽象表达，而行为则是智能的具体呈现）；是以计算机软硬件系统和各类人造机器为实现载体的（工程）技术；是以不断拓展人类能力和满足人类需求为目标的产品（服务）应用。正是这三种特性共同构成的种差使其与其他科学、技术和产品应用区分开来，成为一个尽管复杂但依然有边界的概念。三是从大众认知来讲，该定义特别强调了人工智能产品应用层面的属性。这一属性的加入在一定程度上解释了人工智能得以从专业术语逐渐成为大众化概念的原因。四是从发展变化角度讲，该定义明确了人工智能要以不断拓展人类能力和满足人类需求为目标，意在强调人们对人工智能的判断标准是随着人工智能的发展和大众认知的变化与时俱进的，从而刻画了人工智能外延时常处于"减法"和"加法"变动状态的特征。

（四）人工智能概念的外延

外延表明概念的适用范围，概念的外延由内涵决定。人工智能的内涵定义刻画了其本质属性，回答了"人工智能是什么"，外延定义则要确定符合人工智能内涵

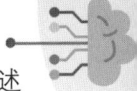

属性特征的对象有哪些，回答"什么是人工智能"。外延定义方法有多种，主要包括样例定义、实指定义、准实指定义等。① 本书拟以人工智能内涵为基本依据，采用样例定义的方法来定义人工智能的外延。选择基于相似性特征的样例来表征人工智能外延，意味着这一定义不能保证外延的完备性和样例的精确性——事实上外延的变动本身也是人工智能概念的特征之一。

1. 代表人工智能科学的样例

根据人工智能的内涵定义，人工智能是以人的思维和行为模拟为研究对象的科学。这有两层含义，一是研究人的智能，二是研究如何通过人工模拟来使人造物具备人的智能。因此，凡是具备上述两个研究方向特征的科学或学科都可能是样例。在罗素和诺维格看来，这些学科至少包括哲学、数学、经济学、神经科学、心理学、计算机工程、控制论和语言学。② 蔡曙山等认为，应从认知科学的五个层级——神经认知、心理认知、语言认知、思维认知、文化认知——来认识和区分人工智能与人类智能，而认知科学的六大来源学科分别是神经科学、心理学、语言学、哲学、人类学和计算机科学。③ 显然，这些学科本身并不是表征人工智能科学的好样例，因为这些学科的研究对象和目的并不限于"人的智能的本质"和"模拟实现人的智能"，而要宽泛得多。因此，好样例只能从上述学科与人工智能科学研究对象的融合交叉部分中寻找。由于上述学科大多有不止一个研究分支，受篇幅所限，这里仅以"家族相似"的思路梳理其中与人工智能科学相近相交的典型样例。

计算机科学大致可分为理论计算机科学和实验计算机科学两大领域。而能够代表人工智能科学的典型样例主要来自理论计算机科学领域的"算法"和"计算理论"研究。可以说，目前人工智能取得的每一项进展都是某种算法的成功实践，而计算理论的研究对人工智能发展的影响是直接甚至决定性的。

数学几乎每一个分支领域都与人工智能相关，而其中联系更为紧密的有数理逻辑、数学分析、计算数学、概率论、数理统计等。这些领域至少在符号化表示、搜

① 欧文·M. 柯匹，卡尔·科恩. 逻辑学导论［M］. 13 版. 张建军，潘天群，顿新国，等译. 北京：中国人民大学出版社，2014.

② RUSSEL S J, NORVIG P. 人工智能：一种现代的方法［M］. 3 版. 殷建平，祝恩，刘越，等译. 北京：清华大学出版社，2013.

③ 蔡曙山，薛小迪. 人工智能与人类智能：从认知科学五个层级的理论看人机大战［J］. 北京大学学报（哲学社会科学版），2016（4）.

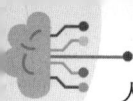

索、推理、决策等方面可以实现对智能行为的模拟，特别是数学建模和各种算法，对目前主流的所谓"数据智能"的产生发挥了重要作用。

控制论是研究动物和机器内部的控制与通信一般规律的学科，是与人工智能科学最为接近的学科之一，曾被视为替代"人工智能"概念的候选语词。

神经科学是研究寻求解释神智活动的生物学机制的科学。其分支认知神经科学旨在"阐明认知活动的脑机制"①，对于机器学习中的深度学习研究和人工智能研究中的连接主义学派发展发挥了重要作用，也为未来实现所谓的"强人工智能"指明了一种可能的方向。

心理学是研究人类行为与心理活动的科学。其分支认知心理学主要研究思维问题，试图了解推理、问题解决、记忆及其他心理过程与人类行为的关系，与模拟人的思维与行为的研究密切相关。②

语言学是以人类语言为研究对象的科学。其分支认知语言学是把语言视为内嵌于人类的全部认知能力之中的新兴语言学学派③，为解决目前人工智能存在的常识不足问题带来了可能性。而人工智能与现代语言学的交叉又诞生了被称为"计算语言学"的学科④，旨在实现以机器来模拟人的部分或全部语言能力。

哲学是"科学之母"，拥有众多子领域，其分支认识论、知识论等都是人工智能发展的基础理论支撑，但与人工智能最为密切的当属逻辑学和心灵哲学分支。逻辑学在推动人工智能符号主义学派的诞生和发展中发挥着重要作用。而心灵哲学是对人的智能本质的研究，并将对人类能否制造出与人的智能媲美的人工智能做出回答。需要指出的是，作为哲学分支的伦理学是关于道德问题的科学，而伦理问题也是人工智能研究中始终被关注的重要话题，目前国外已有《人工智能伦理学》这样的著作出版。

经济学是研究人类经济活动规律的科学。在罗素等看来，个体是基于理性或有

---

① GAZZANIGA M S, LVRY R B, MANGUN G R. 认知神经科学：关于心智的生物学 [M]. 周晓林，高定国，等译. 北京：中国轻工业出版社，2011.

② GOIDSTEIN E B. 认知心理学：心智、研究与你的生活 [M]. 3 版. 张明，等译. 北京：中国轻工业出版社，2015.

③ UNGERER F, SCHMID H－J. 认知语言学入门 [M]. 2 版. 北京：外语教学与研究出版社，2008.

④ RUSSELL S J, NORVIG P. 人工智能：一种现代的方法 [M]. 3 版. 殷建平，祝恩，刘越，等译. 北京：清华大学出版社，2013.

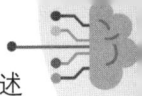

限理性做出各种决策并开展行动的，所以人工智能作为对人的行为模拟的研究，应该以设计和制造"合理的 Agent（能够行动的某种东西）"为目标。但客观地说，目前经济学与人工智能的交叉部分还无法构成一个明确的研究领域。

人类学是从生物和文化的角度对人类进行全面研究的学科群。人类学所关注的"人类如何做出行为""智人的演化历程"等问题事关人工智能最终会给人类自身的演化带来哪些影响。但总的来讲，目前人类学与人工智能的交叉部分还不够清晰。

2. 代表人工智能技术的样例

目前有关文献中的人工智能技术可大致分为应用性技术、支撑性技术和载体性技术三个层次。

应用性技术是直接用于开发人工智能产品从而实现人工智能应用的一类技术。典型样例有模式识别与计算机视觉、自然语言处理、语音信息处理、多智能体系统、计算智能等。

支撑性技术是在人工智能实现过程中发挥基础和支撑作用的一类技术。典型样例有知识表示与处理、机器学习、大数据、云计算技术等。

载体性技术是为人工智能的实现提供物理载体的一类技术。典型样例有计算机硬件系统和智能机器（人）。前者最关键的是芯片的设计和制造技术，后者是指用于设计和制造具备一定感知、反应和思考能力的自控型机器（人）的技术。

3. 代表人工智能产品（服务）应用的样例

人工智能的通用性和强渗透性使得人工智能产品应用已深入大众生活、行业产业和经济社会的方方面面，可以大致划分为终端产品、垂直行业应用和综合性应用等。

终端产品是指直接服务于用户的各种智能产品。典型样例有智能手机、自动驾驶汽车、无人机、智能机器人等。

垂直行业应用是指"人工智能+行业"形成的新的行业产业形态。典型样例有智能家居、智能制造、智能安防、智慧零售、智能教育等。

综合性应用是指人工智能与社区服务、城市管理和社会治理的融合应用。典型样例有智慧社区、智慧城市、智能化社会治理等。

上文分别梳理了能够代表人工智能科学、技术和应用的典型样例，它们都可以作为人工智能外延定义中的样例，人们可以通过认识这些样例的特征来建立对人工智能概念的认知。基于这些样例与所在领域内涵属性的相似程度和代表性的不同，又可以进一步将它们划分到不同的层级。如表1-2所示，与处于下层的样例相比，处于上层的样例通常是本领域中更好的样例。譬如，在人工智能科学领域，认知神经科学是比心灵哲学更好的样例，而计算理论又是比认知神经科学更好的样例。

表1-2　基于样例定义的人工智能外延

人工智能外延	人工智能科学	紧密层	计算机科学（算法、计算理论）、控制论、数学（数理逻辑、数学分析、计算数学、概率论、数理统计）等
		中间层	神经科学（认知神经科学）、心理学（认知心理学）、语言学（认知语言学、计算语言学）等
		外围层	哲学（逻辑学、心灵哲学、伦理学）、经济学、人类学等
	人工智能技术	应用性技术	模式识别与计算机视觉、自然语言处理、语音信息处理、多智能体系统、计算智能等
		支撑性技术	知识表示与处理、机器学习、大数据、云计算技术等
		载体性技术	计算机硬件系统、智能机器（人）等
	人工智能产品（服务）应用	终端产品	智能手机、自动驾驶汽车、无人机、智能机器人等
		垂直行业应用	智能家居、智能制造、智能安防、智慧零售、智能教育等
		综合性应用	智慧社区、智慧城市、智能化社会治理等

上文采用经典概念的结构框架对人工智能概念做了更为立体的分析，借鉴解释性概念理论的思路对人工智能概念名做了更为丰富的解读，借鉴相似性概念理论对人工智能的内涵、外延做了命题性阐述和样例定义。上述努力可在一定程度上厘清目前大众对人工智能概念的认知混乱。譬如，在讨论自动驾驶汽车时，我们是就产品应用属性来谈人工智能；在讨论机器学习时，我们是就技术实现属性来谈人工智能；在讨论各类算法时，我们是就科学研究属性来谈人工智能。同时，通过对人工智能认知层面的深入探讨，也为本书后续对人工智能产业发展和商业应用场景的分析框定了范围。

第二章

人工智能产业发展与商业应用现状

▷ ▶ ▷ ▶ ▶ ▷

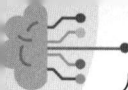

人工智能正逐渐成为未来经济的主要增长点，埃森哲咨询公司对中国以及全球12个经济体的研究显示，到2035年，人工智能将帮助上述各国显著扭转近年来经济增速的下滑趋势，中国如果能有效发挥人工智能对经济发展的全面促进作用，则经济增长率有望上升至7.9%，增长额将高达7.1万亿美元。来自麦肯锡公司的预测则认为，人工智能将每年为中国经济贡献0.8%~1.4%的增长。[1] 以下主要对人工智能产业发展政策、产业发展状况和主要商业应用场景进行梳理分析。

一、人工智能产业发展政策梳理

（一）全球主要经济体的人工智能政策对比

近年来，全球主要国家都在纷纷加大对人工智能的关注、支持和投入，这反映出人工智能的战略重要性已成为普遍共识。各大经济体聚焦人工智能在全球经济增长和转型过程中的推动作用，并相继出台指导文件，从国家战略层面引导和促进人工智能产业的健康发展。中国和美国尤为强调掌握人工智能核心技术，在世界人工智能领域占据领导地位；欧盟和日本则更加注重审视自身优势和劣势，以应对人工智能产业发展带来的经济和社会问题。全球主要经济体近年来出台的人工智能相关政策文件见表2-1。

表2-1 全球主要经济体的人工智能政策对比[2]

经济体	相关政策文件	政策方向总结
中国	2016年8月，中国国务院发布《"十三五"国家科技创新规划》，明确把人工智能作为发展新一代信息技术的主要方向 2017年7月，中国国务院发布《新一代人工智能发展规划》 2019年3月，中国政府发布《关于促进人工智能和实体经济深度融合的指导意见》	构建智能经济、智能社会，使人工智能成为重要的经济增长点，带动中国产业升级和经济转型；人工智能理论、技术与应用总体达到世界领先水平，成为世界主要人工智能创新中心，为跻身创新型国家前列和经济强国奠定重要基础

---

① 腾讯研究院. 腾讯人工智能白皮书2020[EB/OL]. (2020-07-14). https://wenku.baidu.com/view/71751a02ba4ae45c3b3567ec102de2bd9605de81.html#.

② 腾讯研究院. 腾讯人工智能白皮书2020[EB/OL]. (2020-07-14). https://wenku.baidu.com/view/71751a02ba4ae45c3b3567ec102de2bd9605de81.html#.

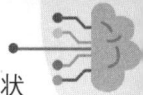

（续上表）

经济体	相关政策文件	政策方向总结
美国	2016 年 10 月，美国白宫发布《为未来人工智能做好准备》《国家人工智能研究与战略发展规划》 2017 年 12 月，美国国会提出"人工智能未来法案" 2018 年 9 月，美国国防部高级研究计划局（DARPA）发布"＄2B＋投资计划"，旨在突破人工智能技术的限制，美国国防部决定在未来 5 年为其机器常识（MCS）项目投资 20 亿美元 2019 年 2 月，"美国人工智能倡议"启动	促进人工智能发展，同时预防和降低可能的负面影响（建立有利的投资和创新环境；优化发展，关注人工智能发展给劳动力市场带来的改变；注重保护个人隐私）；保持美国在人工智能领域的领导地位，支持美国工人，促进公共研发，消除创新障碍
欧盟	2018 年 3 月，欧洲政治战略中心发布《人工智能时代：确立以人为本的欧洲战略》报告 2018 年 4 月，欧盟成员国签署人工智能合作宣言，并发布《欧盟人工智能》 2018 年 12 月，欧盟发布《人工智能协调计划》，提出增加投资、提供更多数据、培养人才和确保信任	创建发展环境，加强人才建设，以适应人工智能给就业体系带来的变化；促进研究投资，建立道德和法律框架，推进以人为本的发展路径，积极应对社会经济变革
日本	2016 年 6 月，日本政府通过新版《日本再兴战略》，将人工智能技术视为第四次产业革命的核心尖端技术，计划到 2020 年创造出 30 万亿日元的经济附加值 2017 年 3 月，日本 AI 技术战略委员会发布《人工智能技术战略》 2017 年，日本政府出台《下一代人工智能推进战略》 2018 年 5 月，日本经济产业省公布《新产业构造蓝图》，提出利用人工智能及物联网等技术普及自动驾驶汽车及建立新医疗系统	从国家层面建立完善的促进机制，推动开发人工智能公共事业，联通各个领域，建立人工智能生态体系；保持并扩大其技术优势，以逐步解决人口老龄化、劳动力短缺、医疗及养老等社会问题

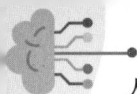

（二）近年中国国家层面关于支持人工智能发展的政策文件

腾讯研究院等机构的研究显示，自 2015 年国家产业政策正式提及人工智能以来，近年相关政策不断加码升级，从最初的强调制定智能标准到人工智能成为"新基建"政策的一部分，大致经历了四个阶段。①

1. 第一阶段（2015—2016 年）：夯实技术积累，制定智能相关标准

有关人工智能的初期政策主要集中在体系设计、技术研发和标准制定等方面，以尽快为后续发展奠定基本的框架和技术基础。2015 年 7 月，国务院出台《关于积极推进"互联网＋"行动的指导意见》，将人工智能作为发展的重点任务之一，标志着专门为人工智能制定产业政策的时期正式开启。2016 年 5 月，国家发改委印发《"互联网＋"人工智能三年行动实施方案》，提出打造人工智能基础资源与创新平台，建立人工智能产业体系、创新服务体系和标准化体系，突破基础核心技术，在重点领域培育若干全球领先的人工智能骨干企业等任务。2016 年 8 月，国务院发布《"十三五"国家科技创新规划》，明确把人工智能作为体现国家战略意图的重大科技项目。

2. 第二阶段（2017—2018 年）：发展智能产业，拓展智能生活

此阶段，我国将发展人工智能正式上升为国家战略，推出了专门的规划，并持续对智能产业和智能生活的重点领域进行细化和强调，指引人工智能发展的着力方向。

2017 年 3 月，"人工智能"一词首次被写入全国政府工作报告。7 月，国务院发布《新一代人工智能发展规划》，将发展人工智能全面上升为国家战略，明确提出"三步走"战略目标，其中提及：到 2025 年，新一代人工智能在智能制造、智能医疗、智慧城市、智能农业、国防建设等领域得到广泛应用。10 月，"人工智能"一词被写入党的十九大报告，提出要"推动互联网、大数据、人工智能和实体经济深度融合"。

2018 年 1 月，《人工智能标准化白皮书（2018 版）》正式发布，人工智能标准

---

① 腾讯研究院. 腾讯人工智能白皮书 2020［EB/OL］. https://wenku.baidu.com/view/71751a02ba4ae45c3b3567ec102de2bd9605de81.html#.

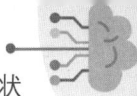

化工作进入全面统筹规划和协调管理阶段。3月，"人工智能"一词再度被列入政府工作报告。该报告强调"产业级的人工智能应用"，要求在医疗、养老、教育、文化、体育等多领域推进"互联网＋"，发展智能产业，拓展智能生活。10月，习近平总书记就人工智能专题组织中共中央政治局第九次集体学习，提出了主攻关键核心技术，围绕建设现代化经济体系，在质量变革、效率变革、动力变革中发挥人工智能的作用，加强人工智能同保障和改善民生的结合，创造更加智能的工作方式和生活方式等任务。11月，工信部办公厅印发《新一代人工智能产业创新重点任务揭榜工作方案》，聚焦"培育智能产品、突破核心基础、深化发展智能制造、构建支撑体系"等重点方向，旨在征集并遴选一批掌握关键核心技术、具备较强创新能力的单位集中攻关。

3. 第三阶段（2019年）："互联网＋"升级为"智能＋"，强调与实体经济深度融合

此阶段，人工智能战略被升级和扩展为"智能＋"，结合相关工作指引，推动人工智能与实体经济深度融合落地。

2019年，"人工智能"一词第三次出现在政府工作报告中。该报告提出，要打造工业互联网平台，拓展"智能＋"，为制造业转型升级赋能；要促进新兴产业加快发展，深化大数据、人工智能等研发应用。3月，中央全面深化改革委员会第七次会议审议通过了《关于促进人工智能和实体经济深度融合的指导意见》，强调市场导向与产业应用，打造智能经济形态。8月，科技部《国家新一代人工智能创新发展试验区建设工作指引》提出，到2023年，布局建设约20个试验区，创新一批切实有效的政策工具，形成一批人工智能与经济社会发展深度融合的典型模式，积累一批可复制、可推广的经验做法，打造一批具有重大引领带动作用的人工智能创新高地。北京、上海、天津、深圳、杭州、合肥、德清县、济南、西安、成都、重庆等地相继获批建设国家新一代人工智能创新发展试验区。

4. 第四阶段（2020年至今）：纳入"新基建"范畴，全面加速智能普及

此阶段，人工智能被纳入"新基建"政策，成为新技术基础设施的主要支撑技术之一，背负着带动疫后经济复苏与增长的使命，也将会是新一轮产业变革的核心驱动力，肩负着推动万亿实体经济产业转型升级的任务。

早在2018年底的中央经济工作会议上，习近平总书记就首次提出"新基建"概念，强调要"加快5G商用步伐，加强人工智能、工业互联网、物联网等新型基础设施建设"。2020年初的新冠肺炎疫情，加速了国家进一步开展人工智能等新型

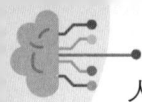

基础设施建设的进程。2020 年 5 月的政府工作报告中提出，要加强新型基础设施建设，发展新一代信息网络，拓展 5G 应用，建设数据中心，以激发新消费需求、助力产业升级。在相关文件的定义中，人工智能在"新基建"三个层面都肩负了重要责任，它既是基于新一代信息技术演化生成的信息基础设施，又在智能交通等融合基础设施中发挥了重要作用，并为科技研发等提供了创新基础设施支撑。从长期来看，人工智能作为新技术基础设施，被视为支撑传统基础设施转型升级的融合创新工具。"新基建"将加速中国产业链完成数字化转型和智能化升级，实现产业要素的高效配置，助力国家经济发展新旧动能转换。

二、人工智能产业发展状况

（一）国内人工智能产业发展整体状况

得益于互联网大发展形成的数字化基础和生态环境，我国人工智能相关产业得到快速发展。中国新一代人工智能发展战略研究院在第四届世界智能大会上发布的《中国新一代人工智能科技产业发展报告（2020）》显示，我国人工智能企业数量仅次于美国，排名全球第二。智能产业生态不断丰富成熟，可以从技术、数据、资本、市场和平台五个方面来分析我国人工智能产业发展的现状。[①]

1. 技术：从实验室走向大规模商业应用

从底层的 AI 芯片、深度学习框架，到图像识别、语音识别、自然语言理解和知识图谱等通用技术，人工智能技术的能力快速提升，在各类经济社会应用中展现出巨大的经济价值。同时，人工智能与云计算、区块链、物联网、5G 等新技术的相互融合，以及新技术带来的海量物联和移动等数据，正在进一步拓展人工智能技术应用的广度和深度，让人工智能真正成为经济社会发展的重要新型基础设施。以人工智能与物联网融合的 AIoT 为例，腾讯云的 IoT EIDP 就为万物智联提供了有效解决方案。IoT EIDP 具备设备自动接入、脱机 AI 计算、丰富算法市场、快速二次开发、快速一键部署和主流硬件平台六大特性，以最大限度满足不同硬件、不同算法的低成本高速部署与运营，能广泛应用于智能家居、智能楼宇、智慧零售、智慧

---

① 腾讯研究院. 腾讯人工智能白皮书 2020［EB/OL］. https：//wenku. baidu. com/view/71751a 02ba4ae45c3b3567ec102de2bd9605de81. html#.

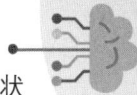

工厂等各种商业场景。

2. 数据：正逐步成为重要的生产要素

数据与智能密不可分。一方面，有数据才能实现智能。人工智能基于数据训练，海量和优质的大数据将推动 AI 算法的持续优化，强化智能平台的服务能力，进一步提升各行业的智能化水平，让数据价值得以真正发挥。另一方面，人工智能也让数据更丰富。各种智能化应用的深入发展，将激发更多的用户使用，从而催生更多的大数据。

国内目前不仅已形成腾讯、阿里、百度等大量互联网平台应用的海量数据，各行各业、各级政府等也在持续增强数字化转型升级的力度，更广泛、多元的大数据资源正在不断产生。特别是 2020 年 4 月发布的《中共中央 国务院关于构建更加完善的要素市场化配置体制机制的意见》，明确将数据要素市场化配置上升为国家政策，为数据的广泛流动和市场价值转化提供了依据，将有效支持人工智能在全社会的实践。

3. 资本：走出炒作泡沫，聚焦价值领域

自 2015 年以来，针对人工智能领域的投融资开始出现爆发式增长，相关投资金额和投资项目数呈高速增长趋势。相关机构的研究数据显示，仅 2015 年，全球人工智能投资项目就达到 719 个，增长了 156%，投资金额升至 160 亿美元，同比增长 190%。中国吸引了其中的大量投资。英国 Tech Nation 的报告显示，从 2015 年到 2019 年，中国的人工智能公司共筹集了 120 亿美元，占全球 22%，排在美国之后，位居第二。

近年来，随着人工智能走出概念炒作的风口，以及部分项目存在回报率不高、退出率较高等问题，加上全球经济形势的不确定性，投资界对人工智能的认知开始回归理性，从单纯的追逐热点转向更加注重核心技术能力和应用潜力。中国信息通信研究院的《全球人工智能产业数据报告》显示，2019 年第一季度，中国人工智能融资金额为 30 亿美元，同比下降 55.8%。同时，德勤的《全球人工智能发展白皮书》显示，投资者更加青睐底层技术创业公司以及落地性强的创业项目，如医疗、教育、无人驾驶等领域的项目。

4. 市场：供需互促的良性循环基本建立

随着部分人工智能技术应用的发展成熟，供需开始形成互相促进的正向循环形势。用户一旦开始智能化转型，就启动了"数据积累—模型优化—应用升级"不断迭

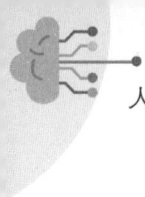

代优化的循环，收益也随之不断提升，从而更多地使用 AI。根据麦肯锡公司的研究，率先应用人工智能的企业，到 2030 年，将会实现现金流翻倍，领跑者往往拥有强大的 IT 基础、更强的 AI 投资倾向，以及对 AI 业务持积极看法。

使用的增加会带动更多 AI 供给，激励人工智能企业加快商业化落地步伐，以抢占市场先机。人工智能产品和服务的研究和开展，往往涉及长时间的调研选型、规划设计、模型训练开发和应用部署，加上大量行业知识的融入，以及数据安全、系统运维等大量保障工作。这使得人工智能转换成本较高，率先获得客户的人工智能供应商能够积累较强的先发优势。

5. 平台：头部企业普遍开放平台，促进生态发展

以大规模算力使用和大数据处理为基础的人工智能，越来越多地展现出规模效应的特征，即使用越多、价值越高、成本越低。这促使企业尤其是互联网大厂积极采取开放平台的方式，将各种 AI 技术能力和资讯对外开放，促进了整个 AI 生态的发展繁荣。典型如语音、图像等智能化处理，今天通过 API 方式已能非常方便地调用有关功能，有效支持解锁、翻译、美颜等各种不断涌现的创新智能应用。

今天，AI 开放平台的模式已成为行业共识。这里面既有全技术线的腾讯 AI 开放平台、阿里云开放平台、百度大脑（AI 开放平台）、华为 HiAI 能力开放平台，也有针对单一技术的开放，如科大讯飞智能语音开放平台、商汤智能视觉开放平台、依图视觉计算开放平台、海康威视视频感知开放平台、旷视图像感知开放平台等。未来更重要的是如何让众多开放平台形成共识与合力，合作联盟、共制标准、行业自律、法律保障等制度建设的重要性将更突出。

（二）深圳人工智能产业发展状况

深圳作为广东乃至全国人工智能企业的主要聚集地，在新一代信息技术领域拥有完整的产业链，在大数据、云计算、互联网、物联网和半导体产业，特别是集成电路设计等方面，具有较强的实力，拥有像华为、腾讯、平安等一批从事人工智能方面研究开发的头部企业，在发展人工智能方面具有明显优势。[①]

作为国内最具创新精神的城市之一，深圳创新人才高度集聚、电子信息产业优

---

① 前瞻产业研究院. 2019 年深圳人工智能产业发展现状与趋势分析［EB/OL］.（2019 – 09 – 23）. https://www.sohu.com/a/342813297_ 473133.

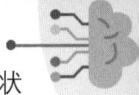

势突出、资本市场活跃，为人工智能产业提供了人力、技术、应用、资金等全方位的支持，营造了良好的创新创业生态环境。亿欧智库发布的 2018 年《中国人工智能产业发展城市排行榜》从企业规模、政策基础、学术基础、产业基础和资本环境五个层面测评了中国各大城市发展人工智能的实力和前景，深圳的各项指标表现优异，位居全国第三（见表 2 - 2）。在良好的发展环境下，深圳的人工智能产业发展已经初具规模，尤其是在技术落地、实现商业化方面具有先发优势。

表 2 - 2　2018 年中国人工智能产业发展城市排名 TOP 10

排名	城市	企业规模	政策基础	学术基础	产业基础	资本环境	总分
1	北京	9.5	9.0	9.5	8.8	9.5	9.31
2	上海	6.4	9.1	8.6	8.8	7.4	7.80
3	深圳	7.1	8.0	3.0	8.6	5.5	6.66
4	杭州	6.3	8.4	5.1	8.5	4.2	6.57
5	广州	5.1	7.7	6.3	8.3	3.7	6.11
6	南京	4.1	8.1	7.8	8.1	3.6	6.00
7	成都	4.2	7.3	6.3	7.6	3.3	5.55
8	天津	4.1	7.8	5.6	7.8	3.2	5.50
9	合肥	3.8	8.0	5.0	7.9	3.0	5.35
10	武汉	3.2	7.4	6.5	7.5	3.2	5.24

资料来源：亿欧智库。

深圳背靠制造业、服务业发达的珠三角地区，有城市群的整体性优势。深圳的主导产业高新技术产业为 AI 产业提供了包括计算机视觉、智能语音技术、自然语言处理等在内的技术层支持，以及包括云计算服务、传感硬件、计算硬件等在内的基础层支持。在人工智能企业数量方面，深圳的排名同样位列全国第三，占比为 12.2%。

同中国其他地区的大部分人工智能企业一样，深圳的人工智能企业布局侧重应用层和技术层。在 2018 年深圳人工智能百强企业中，应用层企业占比最高，为 69%；算法层企业占比居第二位，为 19%；基础层企业占比最少，仅为 12%。从人工智能企业核心技术分布来看，以大数据/云计算、机器学习和推荐为核心技术

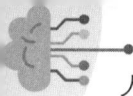

的企业占比最高。

为加速深圳人工智能产业的发展，2019 年 5 月，深圳市政府发布了《深圳市新一代人工智能发展行动计划（2019—2023 年）》，按照 2020 年和 2023 年分阶段提出发展目标，着力构建全国领先的人工智能技术创新体系，推动新一代人工智能与实体经济深度融合，计划将深圳发展成为我国人工智能技术创新策源地和全球领先的人工智能产业高地。

三、人工智能的主要商业应用场景

随着人工智能基础技术日趋成熟，已能够在更广泛的场景下发挥价值，技术成熟且具有较强商业落地能力的项目持续受到资本关注，人工智能行业也从早期强调技术含量发展到更加重视产品、解决方案等商业化能力的阶段。

在国内，随着人工智能技术与实体经济的全面结合，应用场景也渐趋多元，现阶段商业化路径清晰、关注度较高的应用场景主要有安防、金融、教育、医疗、交通、零售、广告营销、农业、机器人、管理和其他消费级的智能硬件等。[①]

（一）安防行业：“兵分两路”，快速落地

安防是人工智能最早开始落地的场景，目前已经在公安系统和各类智慧空间广泛应用，具体有城市安防（智慧城市）、社区安防（智慧社区）、校园安防（智慧校园）、园区安防、厂区安防等。此外，还有针对诸如演唱会等大型活动现场，以及机场、火车站等公共交通枢纽的安防等。

安防场景下所涉及的人工智能技术主要是计算机视觉和生物识别，产品包括智能摄像头、刷脸闸机、智能门锁等硬件，以及配套的视频结构化数据处理方案和软件系统等。

目前参与智慧安防领域的企业可大致分为两类：传统安防企业和人工智能技术公司。其中，传统安防企业（如海康威视）因在行业有较长时间的积淀，客户端市场资源较好；人工智能技术公司则具有相对较强的技术基础，在产品创新上不受固有模式的限制，更加灵活，故相对而言创新能力更强。

---

① 36 氪研究. 人工智能商业化研究报告：2019［EB/OL］.（2019 - 07 - 09）. https：//www. sohu. com/a/325759803_ 468150.

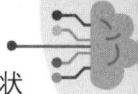

表 2 - 3 人工智能安防主要研发企业概览

类别	企业	特点	主要 AI 技术
传统安防企业	海康威视、大华股份	拥有更深厚的行业积累，更加了解用户和场景需求，客户端资源丰富	计算机视觉、生物识别
人工智能技术公司	云天励飞、商汤、旷视、云从科技、眼神科技	技术基础雄厚，产品创新灵活	

（二）金融业：数据量大、业务场景多，成为人工智能落地的重镇

金融业规范的数据属性和智能化需求为人工智能的应用提供了坚实的基础，使其成为最被人工智能企业看好的应用领域，大量人工智能企业选择将金融业作为技术落地的关键领域，与此同时，金融业本身也关注新技术对于行业降本增效、风险防控、提升整体服务水平的重要意义，主动引入新技术为行业赋能。

目前行业关注度较高的落地场景主要集中在银行业，包括银行线上线下的身份认证、智能风控、智能客服、刷脸支付、智慧网点等。此外，在投资理财、保险、监管等领域也广泛利用人工智能技术作为创新工具，催生出智能投顾、智能投研、保险科技、监管科技等金融科技新业态。

1. 身份认证

身份认证在银行等金融机构的柜面业务、自助机具、网络交易以及业务内控等各个业务场景都有广泛的应用。近年来，随着生物识别技术的逐渐成熟，金融机构大量地利用新技术对传统认证方式进行迭代升级。同时，为适应金融业多样化的业务场景对安全级别、便利性和标准化的不同要求，银行业开始采用多模态统一身份认证平台（Automatic Biometric Identification System）。该平台整合指纹、人脸、虹膜、声纹、掌纹等多种生物识别技术，统一管理和认证，实现了银行系统身份认证的标准化统一出口，成为身份认证领域的一种重要创新。

2. 智能风控

智能风控利用知识图谱、机器学习等人工智能技术构建风控模型，并将模型应用到支付、信贷、营销管理等业务场景来提高金融业的风控能力。尤其是在信贷业

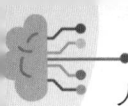

务领域，智能风控提供了贯穿贷前预警与反欺诈、贷中授信定价、贷后分析监控等信贷全业务流程的风控手段。

3. 智能客服

金融业的客服需求量大且专业性要求相对较高，除解决用户日常操作问题外，往往还有大量的专业术语、金融知识需要借由客服传达给用户，而随着人工成本的增加，采用智能客服与用户进行实时、有效的沟通成为金融业提升服务质量、降低运营成本的重要方式。当前应用到金融领域的智能客服主要有在线客服、智能外呼和实体客服机器人三类，分别应用于线上客服沟通、语音呼叫和实体客服机器人交互等场景，涉及的人工智能技术主要有语音识别、语义理解、语言合成等自然语言处理技术。

4. 刷脸支付

刷脸支付是通过识别人的面部特征完成支付的过程，目前由第三方支付公司、银行和人脸识别技术公司参与建设，已经在线上线下各类消费场景中陆续投入使用。刷脸支付相对于二维码支付在便捷性上又有了一定的提升，故行业关注度较高。

5. 智慧网点

智慧网点是指银行在当前智能化趋势的背景下，以客户为中心，重新审视银行和客户的实际需求，利用人工智能、大数据等新兴技术对传统网点进行优化和升级，包括网点选址和整体布局的优化、网点内智能设备的升级以及业务流程的再造和创新等。

6. 智能投顾

智能投顾是一种利用算法模拟理财规划师个人投资经验的新型投顾方式，利用机器学习结合过往投资数据来优化决策是当前行业正在探索的方向。

7. 智能投研

智能投研是一种辅助性投研工具，它利用机器学习和知识图谱建立数据和事件之间的关联，通过从招股书、年报、公司公告、研究报告、新闻等数据中提取关键信息，完成对企业的实时画像、风险监控和对市场的趋势预测，并结合相关工具和研究方法完成分析研究，输出投资观点。智能投研对技术和数据都有较高的要求，

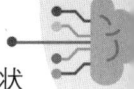

目前主要由金融数据服务商和基金公司参与，创业公司陆续入局。

8. 保险科技

保险科技是指利用大数据和人工智能技术对保险行业全流程进行优化，包括营销、定价、承保、理赔和售后服务等，精准的用户画像、动态的风险行为评估以及个性化定价是现阶段智能化尝试的主要环节。

9. 监管科技

科技是把双刃剑，人工智能、大数据等新技术在金融领域的应用推动了金融行业的变革，但同时也带来了新的风险，且风险因子更加复杂，违法违规行为更加难以辨别，这对监管提出了更高的要求。监管科技正是为适应新的市场变化而出现的利用人工智能、大数据等新技术来完善金融监管的新应用。

（三）教育领域：应用和发展被长期看好

人工智能在教育领域的应用和发展目前主要有三个方向，分别是 AI 辅助教学工具（针对教学活动）、人工智能学科教育（针对教学内容）和教育物联网解决方案（针对教学环境管理）。

表 2-4　人工智能在教育领域的应用

类别	AI 作用的教育环节	使用人群	应用举例
AI 辅助教学工具	教学活动	K12 学生、教师、家长	AI 教学—葡萄智学、自适应练习—松鼠 AI、拍照搜题—小猿搜题
人工智能学科教育	教学内容	K12、高等教育、社会培训学生	优必选—K12 人工智能学科教育、中科视拓—K12、高等教育、社会培训
教育物联网解决方案	教学场所、设备管理	校园管理人员	小水智能—AIoT 平台、科大讯飞—AIoT 平台

1. AI 辅助教学工具

AI 辅助教学工具是指利用人工智能技术开发出的各类用于教学活动的工具，

可提升教学效率和效果。目前，AI 辅助教学工具主要应用于 K12 的基础教育，包括自适应的人工智能教学、个性化练习，以及拍照搜题、组卷阅卷、作业批改等。

针对教学活动的各个环节，市场上已经出现了各类 AI 辅助教学工具。在认知与学习以及练习与测评环节，自适应教育是近年来较受关注的一个应用。

自适应教育是指综合评估学生对学习内容的掌握情况、学习习惯、个性特点、实时的学习状态等多方因素后，提供符合学生特点的、个性化的教学方式、学习路径、学习内容和练习辅导等。在认知与学习环节，自适应教育由机器来整体把握教学活动的节奏和路径，且能够数字化评估学生的个性特点和对知识的实际掌握情况，从而提供一对一的个性化教学，提高学生的学习效率；在练习与测评环节，自适应教育通过对练习题和知识点的分类，根据学生的实时练习结果和对知识点的掌握情况，动态调整练习路径，帮助学生减少重复的无效练习，从而提升练习效果。

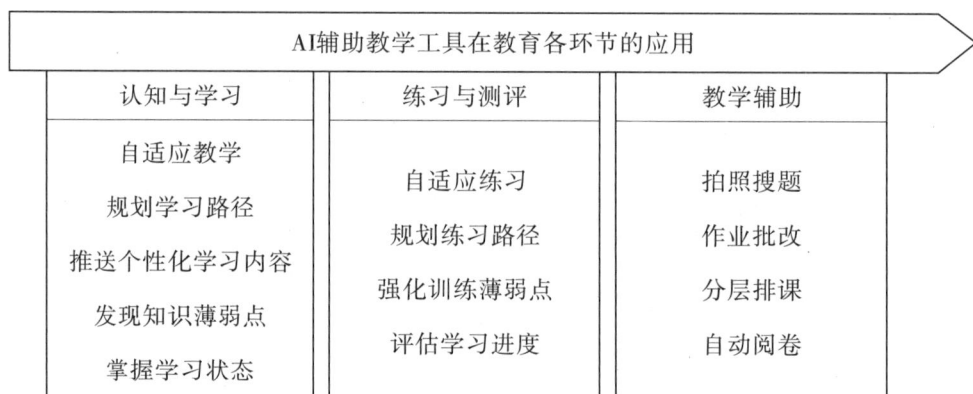

AI辅助教学工具在教育各环节的应用		
认知与学习	练习与测评	教学辅助
自适应教学 规划学习路径 推送个性化学习内容 发现知识薄弱点 掌握学习状态	自适应练习 规划练习路径 强化训练薄弱点 评估学习进度	拍照搜题 作业批改 分层排课 自动阅卷

图 2-1　AI 辅助教学工具应用场景概览

2. 人工智能学科教育

人工智能学科教育是指把人工智能学科知识作为学习内容，面向 K12、高等教育、社会培训的学生群体设计课程内容，提供教材、教具、教师等教学相关产品和服务。

人工智能学科教育是当前从国家层面到个人层面都非常重视的一个领域。在国家层面，它关系到人工智能行业人才的持续输入和未来经济转型过程中劳动力市场的供需平衡问题。2017 年，国务院印发的《新一代人工智能发展规划》提出，在高校开展人工智能学科建设，在中小学阶段设置人工智能课程，实施全民智能教育项目，将人工智能学科教育上升为国家战略。在个人层面，智能化带来产业结构的

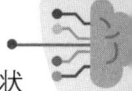

调整，进而引起就业市场的改变，公众从长期职业规划和个人发展的角度，也很重视人工智能学科学习。当前，人工智能学科教育的需求随着人工智能产业的纷纷落地愈发明显，但系统化的课程和教师资源仍然处于相对紧缺的状态。

3. 教育物联网解决方案

教育物联网解决方案是指利用人工智能、物联网等技术对学校、教室等教育场所的人、物和环境进行统一管理，包括多媒体设备管理，学生在各类场景下的签到注册管理、行为状态识别，校园安防和校园生活服务等。

发展物联网是一种趋势，尤其是校园这种独立的小生态更容易进入早期的试验阶段。未来随着校园内各类智能设备的增加，这一需求也将愈发受到重视。

整体而言，AI辅助教学工具的核心是解决教育的公平和效率问题，人工智能学科教育为行业人才供给的可持续性提供了保障，教育物联网解决方案则是推行校园生态信息化管理的必然趋势。

（四）医疗领域：多角度解决行业痛点

国内的医疗行业长期面临着医疗资源短缺且分布不均衡、医生超负荷工作、信息不透明、医患关系紧张、整体医疗水平有待提高等问题，人工智能落地医疗行业（即智慧医疗）可从多个角度解决行业痛点。

从医生和医院的角度看，智慧医疗能够相对降低部分工作的人力投入，对合理分配医生的时间和精力具有一定的调节作用；从病患和社会价值的角度看，智慧医疗可快速复制，能一定程度上缓解医疗资源分布不均的问题，进而推进分级诊疗的实施；从整个医疗行业的角度看，智慧医疗各细分领域的创新，在提升医疗技术、诊疗能力、药品研发能力和优化医疗体系的运转等方面都具有相当的促进作用。

表2-5　智慧医疗应用场景概览

类别	场景描述	应用价值
医疗影像分析	利用计算机视觉算法，结合医疗影像大数据，训练出能够识别B超、CT等医疗影像的算法和应用，辅助医生进行诊断	减少医生的重复工作，通过辅助诊断降低误诊率，通过异常情况监控帮助发现新的罕见病

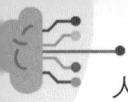

（续上表）

类别	场景描述	应用价值
智能诊疗	通过计算机视觉、自然语言、知识图谱等技术，整合病理、生理知识，并结合病人的实际健康状态信息，进行诊断、预测和生成治疗方案等	虚拟医生，拓展医疗资源
语音病例录入	通过语音识别高效记录并生成电子病例	推进医院的信息化进程，提升数据采集能力
健康管理	整合生理指标、环境、行为、群体发病率等大数据信息，监测和管理健康数据	对群体、个体的健康状态进行监测和管理
医疗机器人	包括手术机器人、康复机器人等	提高手术精度
医学药物研发	对药物结构、疾病病理生理机制、现有药物的功效、显微镜下的样本观察等结果进行快速分析，为药物研发提供支持	缩短新药研发时间，降低研发成本

（五）交通出行：聚焦四大应用

人工智能在交通出行领域的应用主要有智能驾驶、危险驾驶预警、车载智能互娱、智慧交通调度等。

1. 智能驾驶

智能驾驶是指通过系统完全控制或辅助驾驶员控制车辆行驶。其中，高级别辅助驾驶系统 ADAS（Advanced Driver Assistance System）是实现智能辅助驾驶的核心。ADAS 是利用安装于车上的各类传感器，采集车内外的环境数据，并进行识别、侦测与追踪，从而能让驾驶者在最短的时间内察觉可能发生的危险，以引起注意和提高安全性的主动安全技术。ADAS 最早被用来提供车辆行驶状态提醒，包括车道偏离警告、保持前车距离警告、前车碰撞警告等。现阶段，利用 ADAS 对驾驶状态进行主动干预，甚至完全控制，实现无人驾驶，是行业探索的方向。根据系统对驾驶状态的干扰程度，美国机动车工程学会（SAE）将智能辅助驾驶分为 L0～L5 共六个等级。

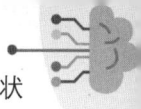

表 2－6　智能辅助驾驶等级（SAE）

级别	名称	定义	驾驶操作	环境监控	支援	适用范围
L0	无自动化	驾驶员全权控制，行驶过程中可得到警告和保护系统的辅助	人	人	人	无
L1	驾驶支援	系统根据驾驶环境对方向盘和加减速中的一项操作提供驾驶支援，其他驾驶操作由驾驶员完成	人、系统			部分场景
L2	部分自动化	系统根据驾驶环境对方向盘和加减速中的多项操作提供驾驶支援，其他驾驶操作由驾驶员完成	系统			
L3	有条件自动化	由系统完成所有驾驶操作，系统提出请求后，驾驶员须做出适当应答		系统		
L4	高度自动化	在特定道路和环境条件下，由系统完成所有驾驶操作，系统提出请求后，驾驶员无须对所有请求做出应答			系统	
L5	完全自动化	在所有道路和环境条件下，由系统完成所有驾驶操作，驾驶员只在可能的情况下接管				全域

　　在落地方面，目前 L2 级别及以下的智能辅助驾驶已实现量产，L3～L4 级别尚处于实验测试阶段，未来在停车场、高速公路、矿区等标准化程度较高的场景下，有望在政策落地后进入应用阶段。

2. 危险驾驶预警

　　驾驶员状态监测系统 DMS（Driver Monitor System）是一种基于驾驶员生理反应特征监测驾驶员状态并及时发出预警的产品。它能利用智能摄像头采集驾驶员的视频数据，结合人脸识别算法，准确识别危险驾驶状态，比如疲劳驾驶（如打瞌睡、打哈欠等）、分心驾驶（如左顾右盼、抽烟、打电话、玩手机等），并及时给予提醒，以保证驾驶安全。2018 年多地交通运输部门陆续发布通知，推广应用智能视频监控报警技术，直接推动了 DMS 在运输车辆上的应用。

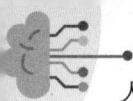

3. 车载智能互娱

车载智能互娱是指基于安装在车上的智能系统，通过语音交互实现部分功能控制和娱乐操作，如语音开启空调、雨刷、天窗，语音查询路线、周边信息、买票、购物等。

4. 智慧交通调度

智慧交通调度是指通过监控获取城市各交通路线的实际车流和拥堵情况，并利用算法整合全城信息，通过控制交通信号灯和人工疏导等方式，缓解城市交通拥堵。

（六）零售业：线上线下门店、仓储、物流等各个环节全面渗透

智慧零售是指利用人工智能、大数据等新技术，为线上线下的零售场景提供技术手段，以实现包括门店、仓储、物流等整个零售体系的数字化管理和运营。其中，在仓储、物流环节，主要是搬运、配送等各类实体机器人的应用；在交易环节，根据零售交易发生场所可大致分为线上零售和线下零售两类，人工智能在营销、客服、运营优化等多个场景都发挥了价值。

线上零售主要是各类电商，其智能化场景主要有：

（1）商品搜索：利用计算机视觉技术实现对线上包括图片、视频等各类商品展示信息的搜索和管理，包括以图搜图、以文搜图等。

（2）智能客服：包括在线客服、语音电话客服等，涉及语音识别、语义理解等自然语言处理技术。

（3）个性化推荐与精准营销：充分利用用户在互联网上的活动路径和留存信息，结合机器学习算法，为用户提供个性化的产品建议。

（4）经营数据分析：将商户的各类经营数据加以整合，通过大数据分析方法，发掘潜在行业信息，进而为企业的经营决策提供支持。

线下零售则包括各种小型零售门店、大型连锁商超、无人门店和智能货柜等。传统线下门店与线上平台的典型差异在于线下数据化程度较低、与线上数据长期处于割裂状态，用户在线上的行为偏好难以在线下场景实现衔接与转化，在线下门店的浏览偏好也难以在线上进一步追踪，故当前人工智能在线下零售门店的应用主要是解决其数字化运营问题，以计算机视觉技术为核心的智能摄像头、智能广告机、

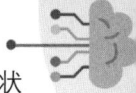

智能货柜、互动娱乐设备等已广泛应用。

线下智慧门店的解决方案，主要涉及精准获客和营销、数据化管理和实时优化等方面：

（1）精准获客和营销：通过智能摄像头等设备识别到店客户的行为轨迹、浏览偏好、衣着、身份特点等信息，并综合线上或过往购买记录，发掘客户兴趣点，为其提供个性化的产品推荐和服务信息。

（2）数据化管理和实时优化：线下智慧门店通过智能设备采集门店的实时客流状况、商品信息、顾客需求、经营状况等数据，通过大数据整合分析，为门店运营优化提供决策支持，包括门店选址、物品摆放、商品种类、补货频率等。

线下门店的数据化，使其运营决策更加科学，从而在有限的空间和人力成本下，为消费者提供便捷、高效、个性化的购买体验。线下实体零售的智慧化转型已成为一种趋势，被多方看好，零售行业也是近几年人工智能落地较快、相对热门的领域。

（七）广告营销：创意营销和大数据精准营销深入应用

人工智能已在广告营销的多个环节落地，根据人工智能技术的具体应用、广告呈现形式和投放逻辑的不同，可大致分为 AI 创意营销和大数据精准营销两类。

AI 创意营销是指以视频为主要投放载体，利用计算机视觉技术识别视频内容，然后在不同的内容场景中投放与之相关的广告。根据广告植入、投放和呈现形式的差异，AI 创意营销可大致分为 AI 场景营销、功能性互动营销和快速植入三类。

大数据精准营销是指根据用户年龄、性别、消费、出行、位置、行为偏好等大数据信息描绘用户特征，制定符合用户个性的千人千面的广告投放。

传统线上广告以强制侵占用户注意力的形式呈现，过多的广告加载对用户体验造成了一定影响。故平台方须小心翼翼地平衡用户体验与广告收入之间的矛盾，这成为当前诸多互联网平台的盈利瓶颈之一。此外，互联网产品百花齐放，广告主面临更多的投放渠道选择，也就更加注重对目标人群的触达和转化效果。针对现阶段广告行业面临的问题，AI 创意营销和大数据精准营销分别从呈现形式和用户触达两个方向去解决行业矛盾。

AI 创意营销不同于传统的线上广告，它利用人工智能技术创造新的广告形式，挖掘新的广告位资源，是一种对线上流量广告增量市场的再开发。以场景营销为例，它利用 AI 技术识别和分析视频中的场景因素，将视频划分成不同的场景单元，

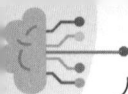

然后根据产品属性匹配到相应的场景，进行广告投放，从广告呈现形式上减弱了对用户的干扰、减少了用户的抵触情绪。

大数据精准营销从用户触达的角度来优化体验，减弱无价值信息对用户的干扰，同时提升广告效果。与 AI 创意营销从内容呈现上优化广告体验的方式不同，视频大数据营销仍然采用了传统的贴片、暂停位、信息流广告的形式，但它针对每一位用户提供了符合其实际需求的个性化广告，这既是在刺激用户的购买行为，又是在帮助用户解决实际的需求问题。如某用户到达一个新的城市后，广告系统根据该用户更新的位置信息，为其提供附近符合其购买习惯的商品信息，正好满足其消费需求，这样的广告对用户而言是有价值的，从而在一定程度上降低了用户对广告的反感程度；此外，由于很好地对接了消费市场的供需双方，也能有效地提升广告效果。

在大数据精准营销过程中，知识图谱、机器学习、计算机视觉、自然语言等人工智能技术作用于各个环节，包括对文本、图片等各类数据的处理和用户画像，也包括广告投放决策和优化等。

（八）农业：智慧农业崭露头角

智慧农业是指将遥感、大数据、人工智能、物联网等新技术应用于农产品生产、流通和销售的各个环节，改变传统农业依赖农民经验的历史，使农业种植迈入智能化、精细化的发展阶段。现阶段，农业生产环节更受关注，人工智能等新技术主要用于数据采集与处理、农情监测、病虫害防治等领域，主要的应用场景可分为三类：精细化养殖、无人机植保和农业大数据服务。

精细化养殖是指利用可穿戴设备及摄像头等收集家畜、家禽在饲养、繁育状态下的数据，并对收集到的数据进行分析，进而判断家畜、家禽的健康状况、喂养情况、位置信息、生长阶段等。精细化养殖可以有效降低畜禽死亡率，提升产品质量。

无人机植保是指利用无人机搭载传感器设备和药剂对农作物实施精准施药。这种对人力劳动的取代，一方面可解决农村劳动力不足、人工效率低下的问题；另一方面通过标准化的精准施药，可优化农药的使用、降低农药对环境和农产品的污染。

农业大数据服务是指利用遥感、无人机、传感器等技术收集气候气象、农作物、土壤及病虫害数据，建立农业大数据服务平台，并基于对数据的处理和分析，为农业决策提供支持，进而实现农业的精细化管理。

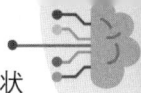

（九）机器人：服务机器人智能化程度不断提升，已进入落地应用新阶段

　　根据机器人在高空、水下、自然灾害等特殊环境下的应用现状，我国业内将机器人分为工业机器人、服务机器人和特种机器人三类。近年来，随着人工智能交互技术的应用，服务机器人的智能化程度有了显著的提升，也开始逐渐进入应用落地新阶段。

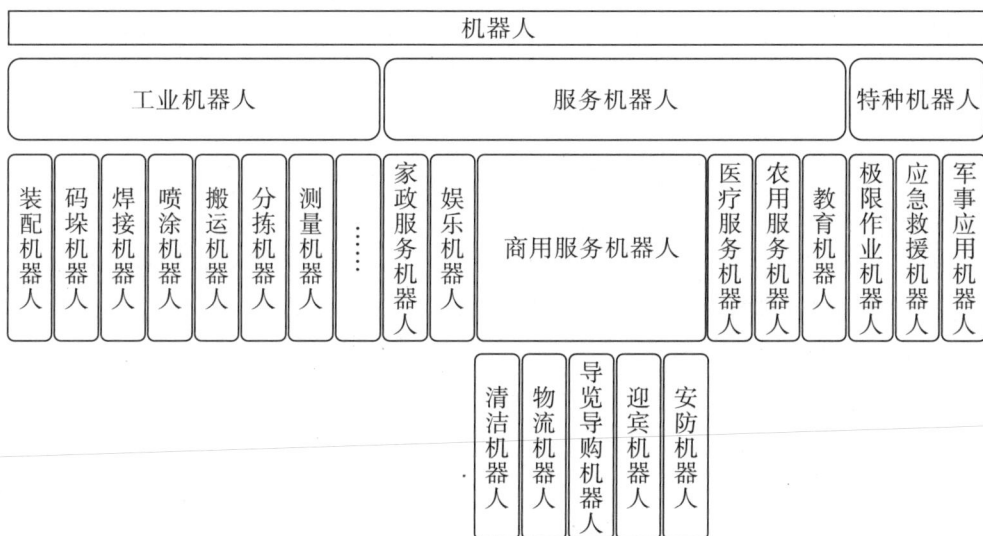

图 2-2　机器人分类概览

　　从市场需求的角度看，服务机器人的商业化主要有两个方向：面向 C 端（个人）用户的消费级服务机器人、面向 B 端（商家）用户的商用服务机器人。其中，C 端的消费级服务机器人的市场需求有待挖掘，而 B 端的商用服务机器人的市场需求更加明确、个性化较强。相较于 C 端市场而言，B 端市场往往有实际的应用场景，针对特定场景的标准化服务机器人发展较快，如医疗手术机器人、安防机器人等。

　　当前服务机器人还有很大的成长空间，无论是核心零部件、交互算法，还是满足实际场景需求的能力，都需要与市场进一步磨合。而随着技术的进一步成熟，机器人在解放人类劳动力、创造劳动价值等诸多场景中的应用价值会愈发凸显，机器

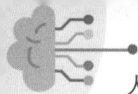

人走进人类生活也被认为是一种必然趋势，故业内对机器人的发展前景普遍看好。

（十）管理领域：人工智能已走入企业日常管理

智能化管理是指利用人工智能、云计算、物联网等新技术，针对商业设施、人、工作流程等进行链接和升级，从而提升日常管理活动和企业运行的效率。当前智能化管理涉及的领域可大致分为以下七类：

（1）人员管理：人工智能提供了刷脸和指纹、虹膜、声纹识别等新的人员管理工具和方法，可应用于员工的日常签到、会务签到与身份确认、工作状态识别等。

（2）设备管理：随着各类搭载生物识别和智能算法的硬件设备投入使用，识别其使用状态并进行统一管理，能够对公共物品等资源的使用时间和频次进行优化，帮助企业提升信息化水平和日常管理效率。

（3）场所管理：主要是办公区域的安防，包括人员出入管理、智能迎宾、公共区域监控等。

（4）文本文档管理：针对企业的大量文本数据，利用自然语言处理（NLP）技术对文本材料内容进行提取和过滤，可提升企业对文本数据的使用和整理效率。

（5）音视频管理：将语音识别、语义理解和机器翻译等人工智能技术应用于会议录音材料管理、同传、速记等场景，可有效地降低人力成本。

（6）商务活动管理：包括日常沟通、远程会议、远程培训等场景，涉及的人工智能技术主要是以语音语义、计算机视觉为基础的智能通信。

（7）业务数据管理：利用人工智能的方法整合、分析和挖掘业务数据，以优化企业运营和决策。

以上只是人工智能大规模商用的部分典型场景，但足以昭示，人工智能与实体经济深度结合的商业化时代已经到来，各类人工智能技术都在力所能及的范围内寻找落地场景。从落地速度和效果上看，安防、金融、教育、医疗、交通、零售、广告营销、农业、机器人、管理等行业的多个场景下均有较为成熟的产品和服务，并且随着对需求的不断挖掘，对应领域的产品和服务将呈现精细化发展的趋势，企业会更加专注于整体生态建设和产品服务体验的升级。

第三章

人力资源开发理论简述

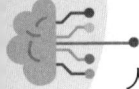

一、人力资源开发概念的发展

（一）人力资源概念界定与特性分析

经济学研究中把为了创造物质财富而投入生产活动的一切要素统称为资源，包括人力资源、物力资源、财力资源、信息资源、时间资源等，其中人力资源是一切资源中最宝贵的资源之一。人力资源包括数量和质量两个方面。人力资源的最基本方面是体力和智力，从现实应用的状态来看，包括体力、智力、知识、技能四个方面。

人力资源的概念可以有广义和狭义两种界定。从广义来讲，人力资源是指在一定的时间和空间范围内，除去那些原本不具有（先天因素）或已经失去（后天因素）劳动能力的人口以外的人口所具有的现实和潜在的体能、智能和技能等的总和。这里的"潜在"包括两层含义：一是指现实劳动力人口本身所具有但没有被开发出来的能力；二是指未来劳动力人口本身所蕴含的有待开发利用的体能、智能和技能等。从狭义来讲，人力资源是指在一定的时间和空间范围内，劳动力人口所具有的现实和潜在的体能、智能和技能等的总和，即劳动力资源。本书采用广义的人力资源概念，即从数量口径上，既包括现实的劳动力资源，也包括未来的劳动力资源。

人力资源作为一种特殊资源，具有如下特征：

（1）能动性。人具有主观能动性，能够有目的地进行活动和改造外部物质世界。

（2）两重性。人力资源与其他资源不同，是属于人类自身所有，存在于人体之中的活的资源，因而人力资源既是生产者，又是消费者。人力资源中包含丰富的知识内容，使其具有巨大的潜力，以及其他资源无可比拟的高增值性。

（3）时效性。人力资源与矿产资源不同：矿产资源一般可以长期储存，不采不用，品质不会降低；人力资源则不然，储而不用，才能就会荒废、退化。因工作性质不同，人的才能发挥的最佳时期也不同。

（4）社会性。人力资源处于特定的社会和时代中，不同的社会形态、不同的文化背景都会影响人的价值观念、行为方式、思维方法。人力资源的社会性要求在开发过程中特别注意社会政治制度、政策、法律法规以及文化环境的影响。

（5）连续性。人力资源开发的连续性是指人力资源是可以不断开发的资源，不仅人力资源的使用过程是开发的过程，培训、积累、创造的过程也是开发的过程。

（6）再生性。人力资源是可再生资源，可通过人口总体内个体的不断替换更新

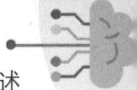

和劳动力的"消耗—生产—再消耗—再生产"过程实现再生。人力资源的再生性除受生物规律支配外，还受到人类自身意识、意志的支配，人类文明发展活动的影响，以及新技术革命的制约。

人力资源的上述特性表明，如果对人力资源的开发和利用得当，其将是推动经济社会发展的不竭动力；反之，如果不能很好地开发和利用，则可能成为沉重的人口负担。对中国这样一个人口大国而言，更是如此。

（二）人力资源开发概念的发展

作为实践领域的人力资源开发几乎和人类历史一样久远，无论是我们原始祖先对家庭成员或本部落首领无意识的模仿，还是在家庭（部落）内部所开展的技术和经验传授，都可被视为最早的人力资源开发活动。

而作为一个专门的研究领域，人力资源开发又是一个非常年轻的学科。[①] 人力资源开发概念最早由美国的哈比森（Harbison）和梅耶斯（Mayers）等学者于1964年提出，他们认为人力资源开发是提高一个社会中所有人的知识和技能的过程，由包括各级正规教育、企业培训、自我开发以及改善人口健康状况在内的各种活动组成。这是一个比较宏观和广义的概念。纳德勒（Nadler，1970）是最早从组织角度定义人力资源开发的，其认为人力资源开发是在特定时期内开展的、以促成劳动者行为改变为目的的一系列有组织的活动。后续研究者更多是从组织微观层面研究人力资源开发并形成了一系列新观点。譬如，克雷格（Craig，1976）认为，人力资源开发的中心目标是通过终身学习的各种形式来发展人类的潜能；琼斯（Jones，1981）认为，人力资源开发是立足于组织和个人目标的实现而对劳动者的各种工作能力的系统性拓展；查罗夫斯基和林肯（Chalofsky & Lincoln，1983）认为，人力资源开发是研究组织中的个人和团队如何通过学习而发生变化的学科；梅克拉根（McLagan，1989）认为，人力资源开发是培训、职业发展和组织发展的综合运用，其目的是提升个人和组织的绩效；沃金斯（Watkins，1989）认为，人力资源开发既是一个学术领域，又是一个实践领域，它的宗旨是在个人、团队和组织层面上，培养长期的、与工作相关的学习能力，因此，它包含但又不仅限于培训、职业发展和组织发展；斯旺森（Swanson，1995）认为，人力资源开发是一个以提升绩效为目的、通过组织发展和员工培训与发展来培育和释放劳动者专业技能的过程。此

① 理查德·斯旺森，埃尔伍德·霍尔顿. 人力资源开发［M］. 王晓辉，译. 北京：清华大学出版社，2008.

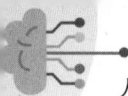

外，纳德勒（Nadler，1989）对人力资源开发的认识也在深化，在新的定义里，他认为人力资源开发是指组织内部员工在特定时期里所体验的、有组织的学习经历，其目的是提升绩效和为员工成长提供可能性。

我国学者在此领域也开展了相关研究。[①] 潘金云等（1991）认为，人力资源开发的基本内容是提高人的素质、挖掘人的潜能、合理配置和使用人力资源，通过人力资源开发使人具备有效参与国民经济发展所必需的体力、智力、技能及正确的价值观和劳动态度。胡春等（1998）认为，人力资源开发是提高人力资源的质量、提高经济效果的一切活动。赵秋成（2001）认为，人力资源开发是通过投资（包括物质、精神和时间等投入），利用教育和训练等方式，促进和诱使人本身潜在体力、智力、知识和技能等形成、发展和提高，即促使潜在能力现实化的过程。萧鸣政（2002）认为，人力资源开发是指开发者通过学习、教育、培训、管理等有效方式，为实现一定的经济目标与发展战略，对既定的人力资源进行利用、塑造、改造与发展的活动。马新建等（2008）认为，人力资源开发是指对一定范围内的人们所进行的提高素质、激发潜能、合理配置、健康保护等活动，是培育和提高人们参与经济运行所必备的体力、智力、知识和技能，以及正确的价值体系、道德情操、劳动态度和行为等一系列活动内容和活动过程，旨在提高一定范围内人们有效从事社会物质财富和精神财富创造的劳动能力的总和。萧鸣政等（2017）将人力资源开发界定为：开发者通过学习、教育、培训、管理等有效方式，为实现一定的经济目标和发展战略，对既定的人力资源进行利用、塑造、改造和发展的活动。

由于研究者的研究侧重和视角不同，其对人力资源开发概念的界定存在一定的差异。总体来讲，基于对人力资源口径界定上的差异，人力资源开发概念的界定大致也可以区分为狭义和广义两大类。狭义的人力资源开发主要关注的是企业（微观组织）层面的开发，而广义的人力资源开发则关注宏观层面（国家或区域）的开发。与采用广义的人力资源概念相对应，本书采用哈比森和梅耶斯从宏观层面界定的人力资源开发概念，即人力资源开发是提高一个社会中所有人的知识和技能的过程，由包括各级正规教育、企业培训、自我开发以及改善人口健康状况在内的各种活动组成。

（三）人力资本投资与人力资源开发

人力资本理论起源于经济学研究。20 世纪 60 年代，美国经济学家舒尔茨和贝

---

① 萧鸣政，刘追. 人力资源开发 ［M］. 2 版. 北京：北京大学出版社，2017.

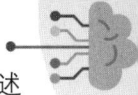

克尔创立了人力资本理论，开辟了关于人类生产能力的崭新思路。① 该理论认为，物质资本指物质产品方面的资本，包括厂房、机器设备、原材料、土地、货币和其他有价证券等；而人力资本则是体现在人身上的资本，即对生产者进行教育、职业培训等支出及其在接受教育时的机会成本等的总和，表现为蕴含于人身上的各种生产知识、劳动与管理技能以及健康素质的存量总和。

人力资本投资是指投资者通过对人进行一定的资本投入（货币资本或实物），以提高人的智能和体能，并最终反映在劳动产出增加上的一种投资行为。人力资本投资的方式一般有：①教育投资。这是一种极为有效的人力资本投资方式，其成本包括：为受教育而支出的各种费用，即教育投资的直接成本；因受教育而放弃的收入，即教育投资的间接成本。②培训投资。这是企业参与人力资本投资的主要方式，可以增加劳动者的技能存量，是用于在职培训的支出。③流动投资。流动本身不能增加人力资本的价值，但可以促进人力资源与物质资源之间的优化配置，使潜在的经济资源转化为现实的生产力，实现人力资本的增值。④卫生保健投资。它指的是通过对医疗、卫生、营养、保健等服务进行投资来恢复维持或改善提高人的健康水平，进而提高人的生产能力。

在本书中，人力资源开发与人力资本投资是可以等同使用的概念，而之所以采用人力资源开发这一概念，是因为：人力资本投资是一个偏重经济学的概念，强调投资回报；而人力资源开发是一个偏重管理学的概念，强调对人力资源的潜能开发与合理配置。在宏观层面的人力资源开发途径分析中，本书采用了教育、培训、卫生保健和迁徙流动的分析框架；在微观层面分析个体成长中各投资主体的策略选择时，本书则采用了人力资本投资中的个体、家庭、教育机构、用人单位、政府五大类主体的分析框架。

（四）人力资源开发的价值和意义

人力资源开发的价值和意义可以从微观、中观和宏观三个层面分析。

在微观层面，对个体而言，人力资源开发是实现人类个体全面发展的基本途径，有效的人力资源开发不仅可以增长人的知识、技能等显性能力素质，为其认识世界、融入工作、获取基本生存能力奠定基础，还可以挖掘其内在潜力，增强其适应社会发展、实现职业转换、获取更大生存和发展空间的能力。

---

① 加里·贝克尔. 人力资本理论：关于教育的理论和实证分析［M］. 郭虹，熊晓琳，王筱，等译. 北京：中信出版社，2007.

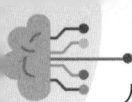

在中观层面，对企业等用人单位而言，人力资源开发是实现组织发展和适应变革的有效途径，组织发展战略的实现最终要依赖于人，人力资源质量的高低是组织核心竞争力的决定性因素。选、用、育、留等人力资源管理职能的发挥可以满足组织当下发展的需求，但高质量、可持续的发展离不开育人，即通过组织层面的人力资源开发来不断提升人力资源的质量。在人力资源特别是优质人力资源总是稀缺的现实背景下，人力资源开发的有效性在很大程度上决定了组织的发展潜力。

在宏观层面，对区域乃至国家而言，人力资源开发有着至关重要的战略决定意义。中国改革开放40多年来之所以能在经济和社会发展方面取得如此大的成就，一个基础性因素就是人口红利，而在第一次人口红利逐渐消退的大背景下，如何通过全面而系统的人力资源开发将第一次人口红利进一步转变为第二次人口红利，或者说是人力资源红利，对我国摆脱可能的"中等收入陷阱"等威胁，实现经济社会长期可持续、高质量发展意义重大。

二、人力资源开发研究和实践中的主要问题

尽管人们对人力资源开发的价值和意义的认同度在不断提高，但无论是在学术研究层面还是在开发实践层面，目前人力资源开发还存在一些问题。面对以人工智能为代表的新一轮技术革命的冲击，有必要对这些问题进行梳理分析，并对症下药，给出相应的对策与建议。

（一）研究层次主要集中于企业层面，对宏观层面关注不够

尽管最初提出人力资源开发概念的哈比森和梅耶斯是从宏观层面来界定人力资源开发的内涵和外延的，但后续以纳德勒为代表的研究者们更多是站在企业层面来深入研究人力资源开发问题的，一个主要的原因在于对人力资源的界定通常是以是否能为组织发展和社会财富创造带来直接收益为尺度的，即主要关注的是现实人力资源的开发问题，而对潜在人力资源包括各种非劳动适龄人口则未予以更多关注。

伴随人本理念和可持续发展理念的深入人心，以及对人口资源是战略性资源、人力资源（人才资源）是社会经济发展的第一资源判断的认同，从宏观层面关注人口质量问题和人力资源开发问题开始被研究者们所重视，即人口问题研究不应仅关注劳动适龄人口的人力资源质量问题，人力资源开发不应仅限于现实人力资源的开发。无论是人口质量的改善，还是现实人力资源质量的提升，都是一个前后继起、相互关联的成长过程。宏观层面的研究就可以避免这种"铁路警察只管一段"的问题。

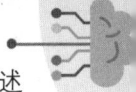

（二）研究对象主要集中于职中开发，对职前开发和老年人力资源开发关注不够

在研究对象的范围上，人力资源开发目前更多是关注于在岗、在业人员的开发，包括员工培训、管理开发、组织开发等方面，而对尚未进入劳动力市场的后备军和已退出劳动力市场的退休人员等老年人力资源开发的研究相对匮乏，或者说缺乏前后关联性整体研究。

目前教育领域特别是高等教育（职业教育）领域的人才培养质量一直为人所诟病的一个主要原因就是：人才培养与劳动力市场需求不能很好匹配，求职难和招工难并存的结构性矛盾一直比较突出，从侧面反映出人力资源职前开发的有效性不足。

从人口发展的基本规律看，人口红利期过后，传统意义上的人口负债难以避免，如何应对人口老龄化的挑战不容回避。平均预期寿命正逐渐延长，大量退出劳动力市场的人口事实上依然是特殊的甚至是很宝贵的人力资源，如何有效开发老年人力资源是当下中国很现实的一个问题。

（三）对多元开发主体的定位和合作关系关注不够

人力资源开发的主体是多元的，包括家庭、被开发者个体、各级各类学校和教育培训机构、用人单位，当然还有各级政府。理想的开发主体定位是各开发主体都能履行好各自的开发责任，做到不缺位、不错位，也不越位，就如田径赛场上的短跑接力一样，不仅要跑好自己的那一棒，还要很好地把下一棒交出去，为了做到这一点，通常需要前后棒之间的良好配合。但在现实的人力资源开发实践中，各开发主体的定位和职责履行还是很容易出问题。譬如：个体特别是在校生和企业员工的开发主体地位常被忽视；不少家庭的开发主体地位常常处于缺位或错位状态；部分用人单位特别是中小微企业的开发主体地位常常处于缺位状态；个别政府部门的开发主体地位常常处于既缺位又越位的状态；教育机构特别是学校的开发主体地位则长期处于错位状态。

除了基本的定位要清晰之外，各开发主体之间的衔接配合也是非常重要的，因为现实中各开发主体责任的边界衔接处往往是模糊地带，也是问题丛生的地带。以职业教育中技能人才校企合作培养为例，如果离开了企业等用人单位在职业院校教育阶段的提前介入，单靠职业院校一己之力，高素质技能人才是难以顺利"出炉"的。

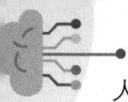

（四）对开发对象的完整性关注不够

人力资源开发目前最主要的途径是学校教育、企业培训和个人自主学习等。从开发对象来看，无论是教育、培训还是学习，都主要集中于知识、技能方面的开发，也就是人们常常引用的能力素质冰山模型中的水面以上部分，而对水面以下的情感动机、个人特质等对个人可持续发展能力和幸福生活能力最具决定意义的开发对象的关注不够，或者说开发效果不佳。这个问题是长期存在的，原因有很多。而在人工智能时代，在与人工智能的竞争与合作中，人类长期看重的显性知识、可被计算机程序化的技能的相对重要性将进一步下降。

因此，人力资源开发的对象必须更为全面，除了知识（显性）、技能（重复性、可自动化）的开发之外，还要重点关注隐性知识、复杂技能、情感能力、人际能力、价值观、工作态度等机器难以替代的对象的有效开发，当然，也包括人机协作能力等技术素养的开发。

（五）对个体全生命周期开发关注不够

站在个体角度，一个人的成长，特别是能力素质层面的培养，是一个漫长的渐进过程，无论是知识的积累、能力的提升还是素质的养成，都绝非一日之功，也绝非某一开发主体之功，整个开发过程是一个连续统一体。个体的先天禀赋和后天发展存在差异，所以开发活动对应于个体不同的生命周期和职业生涯阶段应有不同的开发侧重、方式方法。苏联著名心理学家维果斯基的最近发展区理论尽管是以儿童的教育发展为主要研究重点，但其对人的潜能开发的研究思路给人力资源开发带来了很多启示，因为人力资源开发与教育、培训的主要差异之一即在于其更关注人的潜能开发。而传统、狭义的人力资源开发由于更聚焦于成人阶段，对个体不同生命周期的针对性开发关注不够。在"唯一不变的是变化本身"这样的时代背景下，特别是在人工智能时代，职业变迁将更为剧烈和难以预料，仅仅立足于成人阶段的开发将更难以适应多变的工作世界。

事实上，在技术革命和社会经济发展迅猛变化的背景下，联合国教科文组织在20世纪60年代即提出了终身教育概念。自1994年首届世界终身学习会议开始，终身教育已经作为一个极其重要的教育概念在全世界广泛传播。许多国家在制定本国的教育方针、政策或是构建国民教育体系的框架时，均以终身教育的理念为依据，以终身教育提出的各项基本原则为基点，并以实现这些原则为主要目标。终身教育

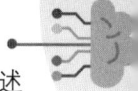

可理解为"人们在一生中所受到的各种培养的总和"。在此意义上讲，终身教育也是广义的人力资源开发的概念。

（六）对个性化开发需求的满足度不高

在教育和培训领域，特别是现代学校教育中，班级制是最为常见的教学组织形式。同传统私塾等个别教学形式相比，现代学校教育和班级制的教学组织形式显著提高了人才培养效率，既有助于实现个体受教育机会均等，又为现代经济社会发展对人才的大批量需求提供了基础支撑。教育部发布的中国教育概况数据显示，2019年，全国共有各级各类学校253万所，各级各类学历教育在校生2.82亿人，其中，各类高等教育在学人员总规模达到4 002万人，高等教育毛入学率达到51.6%，可见我国高等教育已迈入普及化发展阶段。在肯定现代学校教育和班级制教学组织形式优势和成效的同时，也要正视这一形式存在的问题，以及时代背景的变化对人才培养的新要求。中国劳动适龄人口规模自2012年开始进入下降通道，劳动力从无限供给逐步转变为有限短缺，作为生产要素的人的相对重要性进一步提升，组织和人之间的关系也在悄然发生变化，以人为本，人才是第一资源的观念已逐步深入人心。劳动力市场的整体变化已影响到教育领域，因此，各级各类学校人才培养的目标不应仅仅是培养为谋生和就业做准备的"工具化的人"，培养方式也不应是整齐划一的"流水线"式培养，而是要培养具备独立人格和可持续发展能力的"个性化的人"，培养方式应是基于尊重学生个体能力、兴趣和发展要求差异的个性化培养。囿于传统的以教师的"教"为中心而非以学生的"学"为中心这一观念的束缚，以及教育成本约束和教育技术制约，目前班级制教学组织形式下的人才培养仍普遍存在用一套教学方案（学习内容）、一份教学计划表（学习进度）、一种考核标准（学业评价）来面对数十乃至数百计情况各异学生的状况，学生的差异化、个性化开发需求未能得到有效满足。

（七）对个体的全面发展关注度不够

包括教育特别是高等教育（职业教育）在内的传统的人力资源开发特别强调就业，开发的目的长期聚焦于满足受教育者适应未来职场生存与发展的需求。但随着社会经济发展水平的不断提高，在各种生产要素中，人力资源要素的相对重要性越来越凸显。反映在人与组织的关系上，越来越多的组织发现，今天的员工，特别是优质的人力资源，对组织的依赖度在降低，而组织发展对人才的依赖度却在提高。

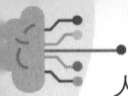

反映在经典的马斯洛需求金字塔模型上，员工对自尊、社交和自我实现的需求越来越高，一个仅关注员工物质层面需求的组织在管理上愈发捉襟见肘。在中国，新生代比起前辈们来说，更为追求个性化的发展路径。实现更为全面的发展，已成为他们的人生目标。而传统的人力资源开发显然还没能跟上这一变化的步伐。

习近平总书记在2018年全国教育大会上提出"要构建德智体美劳全面发展的教育体系"，强调"在增强综合素质上下功夫"，再度明确了"全面发展"是在综合素质上的全面发展，而不是在文化知识结构上的狭义的全面发展。教育部2018年印发的《教育信息化2.0行动计划》提出"坚持育人为本，面向新时代和信息社会人才培养需要，以信息化引领构建以学习者为中心的全新教育生态，实现公平而有质量的教育，促进人的全面发展"。

三、全面人力资源开发理念的提出

在人力资源开发研究领域，学者们的观点既因强调人力资源开发应以学习为导向还是应以绩效为导向而出现分野，同时也因对人力资源内涵界定的不同而体现出对人力资源开发的主体、客体和开发对象认识上的差异。我国学者萧鸣政等曾将目前比较有代表性的对人力资源概念的认识概括为三类：第一类观点认为人力资源就是具有劳动能力的全部人口，确切地说，即16岁以上的具有劳动能力的全部人口，这是一种"成年人口观"；第二类观点认为人力资源就是目前正在从事社会劳动的全部人口，这是一种"在岗人员观"；第三类观点则认为人力资源是在劳动生产过程中可以直接投入的体力、脑力和心力的总和，这是一种"人员素质观"。① 而无论是哪种人力资源观点，其局限性都在于未能从宏观层面将现实人力资源与潜在人力资源统筹考虑，未能从中观层面将不同的人力资源开发主体的衔接配合联系起来，也未能从微观层面的个体全生命周期角度关注人的成长与发展。

笔者认为，社会经济发展到新的历史阶段，伴随着对人力资源、人才资源以及人与组织关系的认识发生深刻变化，特别是在新一代人工智能发展应用带来的对"人"的价值、"人类能力"等的新认识的冲击之下，传统的人力资源开发观念应该也必须进行调整，具体包括：在宏观层面，人力资源开发既要关注现实人力资源的开发，譬如用人单位员工的职中开发，也要关注潜在人力资源的开发，譬如职前开发、老年人力资源开发等；在中观层面，不能过于强调教育部门和用人单位在人

---

① 萧鸣政，刘追. 人力资源开发［M］. 2版. 北京：北京大学出版社，2017.

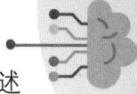

力资源开发中的主体地位，忽视政府、家庭和个体在人力资源开发中的主体地位，而应强调各主体间的衔接配合；在微观层面，不应仅仅强调个体在基础教育阶段、高等教育（职业教育）阶段的学习成长，而是要站在终身学习的角度关注个体全生命周期的人力资源开发，譬如幼教阶段、职业转换阶段、职场后期以及退出正式劳动力市场后的开发问题。

因此，无论是从个体成长的连续性和长周期性还是现代社会对人的素质要求的全面性来讲，未来人力资源开发的思路都应从关注某一特定群体和某一特定时期的开发转向全面的人力资源开发。单靠某一阶段、某一维度和某一主体的开发，都无法实现对个体潜能的有效开发，必须在全面、协同、可持续发展的视野下实现对个体的全面人力资源开发。

全面人力资源开发至少应体现在以下五个方面的转变：①

（一）人力资源概念界定的全面性

传统人力资源开发与管理领域对人力资源的界定通常以是否具备在现实社会财富创造中发挥作用的能力素质为衡量标准，其口径基本等同于劳动适龄人口。从管理角度看，这种界定是必要的。但站在开发角度，个体能力素质成长的连续性要求必须关注潜在人力资源的开发，潜在人力资源就是未来的现实人力资源，现实人力资源的能力素质在很大程度上取决于潜在人力资源时期的开发水平，因此，必须突破传统的仅从现实人力资源角度研究人力资源开发的局限性，要从更全面的角度来界定人力资源开发中的人力资源概念。需要强调的是，这里的人力资源虽然从数量口径上基本等同于人口的概念，但其内涵是完全不同的；同样，人力资源开发和人口发展的内涵也有很大的不同。

（二）开发主体的全面性

开发主体的全面性，不仅仅强调学校教育，特别是某一层次或某一类型的学校教育，还包括各种性质的培训机构的培训开发；不仅仅强调政府的开发责任，还强调各类用人单位以及家庭和个体的开发责任。因此，全面人力资源开发的主体至少应包括个体、家庭、教育机构、用人单位、政府五大类。不同的开发主体，其开发

---

① 李亚军. 全面人力资源开发与职业学校教育的定位［J］. 职教论坛，2014（34）.

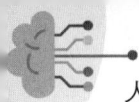

的目的、手段和方式方法是不同的。在个体的成长过程中，这五大类主体应分别承担不同的开发义务，各有分工侧重并互动合作。

（三）开发客体的全面性

开发客体的全面性既包括承受开发活动的各类组织，又包括承受开发活动的不同个体。承受开发活动的组织既包括企事业单位、非营利性社团，又包括各级政府组织；承受开发活动的个体，既包括现实的人力资源个体，又包括潜在的人力资源个体。

（四）开发对象的全面性

开发对象的全面性主要指作为开发客体的组织的能力、绩效或作为开发客体的个体的素质和能力，这里的素质和能力应该是包括体质、品性、智力、知识和技能等在内的全面素质和综合能力。如果借用能力素质冰山模型，则人力资源开发对象不仅仅是水面以上的知识和技能，还包括水面以下的自我形象、成就动机、个性特质、价值观和态度等。在人工智能时代，人工智能可以拥有的硬技能开发的重要性在下降，而人类更有优势的软技能开发的重要性在上升。

（五）开发周期的全程性

对个体而言，全面人力资源开发将是贯穿其全生命周期的人力资源开发。因为无论是知识的积累、能力的提升还是素质的养成，都绝非一日之功，也绝非某一开发主体之功，整个开发过程是一个连续统一体。个体的先天禀赋和后天发展存在差异，所以开发活动在个体不同的生命周期和职业生涯阶段应有不同的开发侧重和方式方法。

全面人力资源开发理念的提出并非针对人工智能时代，但人工智能的深入应用强化了全面人力资源开发的必要性，同时，人工智能在教育和学习领域的应用为实现全面人力资源开发提供了技术支撑，强化了全面人力资源开发的可行性。全面人力资源开发是笔者在开展人工智能背景下的深圳人力资源开发问题与对策研究中的基本价值主张。

第四章

人工智能大规模商用给人力资源开发带来的影响、挑战和机遇

▷ ► ▷ ► ► ▷

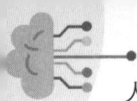

挑战和机遇往往并存，在人工智能已经大规模商用并逐步迈向全面应用的背景下，人力资源开发同样面临着巨大的挑战，同时也将迎来难得的发展机遇。

一、宏观层面的影响和挑战：就业与收入分配

在宏观层面，人工智能对经济社会发展的影响将是全面而深刻的。《智能时代：大数据与智能革命重新定义未来》一书的作者吴军观察发现：在过去的 300 多年里，人类所经历的历次重大技术革命都沿袭这样的规律："现有产业 + 新技术 = 新产业"[①]。有些新产业是旧产业以新的形态出现的，比如在互联网出现后，广告业从过去的印刷广告和电视广告逐渐转变为互联网广告；有些则是全新的产业，比如电报和电话的诞生催生出电信业。在接下来的智能革命中，依然是现有产业的转变和新产业的诞生并行。但是，无论是哪一种，它们都有共同的特点，即智能化和精细化，因此我们不妨将它们统称为"智能产业"。在这些产业中，具有智能的计算机可以帮助我们完成相当多的工作，甚至是绝大部分工作。《未来简史》的作者尤瓦尔·赫拉利甚至认为，随着算法将人类挤出就业市场，财富和权力可能会集中在拥有强大算法的极少数精英手中，造成前所未有的社会及政治不平等，很多人将沦为"无用的阶级"。[②]

蔡跃洲等认为，作为一种新型的通用目的技术，人工智能具有强渗透性特征，能够应用于经济社会的方方面面。[③] 目前人工智能已经渗透到生产生活的多个环节，并悄然改变着经济社会组织运行的模式。作为人脑的延伸和替代，人工智能在提高生产率方面具有很大潜力。人工智能商业化应用将带来宏观经济整体全要素生产率的提升，真正实现以创新和知识驱动为特征的高质量增长。虽然人工智能技术能让人类从烦琐的程式化工作中解脱出来，对于应对人口老龄化也是一种有效手段，但对其推广也意味着对（部分）劳动就业岗位的替代，并将最终影响到就业结构及收入分配格局。自工业革命爆发以来，人类社会经历了多次技术革命，每一次技术革命都可以看作自动化进程的又一次深化，在机器替代人的过程中，效率与就业之间的冲突及再平衡不断重演。历史经验表明，自动化推进在消灭部分就业岗位的同时也会创造更多新的岗位，使得宏观就业总量保持不断增长的态势，实现了

① 吴军. 智能时代：大数据与智能革命重新定义未来 [M]. 北京：中信出版社，2016.
② 尤瓦尔·赫拉利. 未来简史 [M]. 林俊宏，译. 北京：中信出版社，2017.
③ 蔡跃洲，陈楠. 新技术革命下人工智能与高质量增长、高质量就业 [J]. 数量经济技术经济研究，2019（5）.

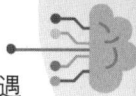

增长与就业的双赢。然而，在转型过程中，技术进步的副作用仍需要由那些被机器替代的群体去承担，由此衍生出以"卢德运动"为代表的各种社会事件，对特定时期、特定国家的社会稳定产生负面冲击。当前，加速演进的新一轮科技革命与产业变革在本质上可以看作又一次技术革命，以人工智能为代表的新一代信息技术对经济社会的渗透可以看作人类自动化进程的延续。然而，与以往技术主要是对人类体力的替代不同的是，新一代人工智能技术更多是对人类脑力的替代，从对经济增长的支撑方式，到就业岗位替代及衍生的作用机制，新一代人工智能与以往的自动化技术相比存在较大差别。这意味着，人工智能技术的应用推广可能并非以往自动化进程的简单延续。新时代下，面对人口老龄化加速等现实国情，如何发挥人工智能技术的特性和优势支撑经济增长，应对结构性冲击，推动高质量增长与高质量就业同步实现，成为摆在学界和政策制定部门面前的全新课题。

人工智能对宏观层面人力资源开发的影响主要体现在以下方面：

（一）人工智能将对就业产生冲击，从而影响人力资源开发的基础

1. 人工智能对就业的冲击到底有多大

在被称为第四次工业革命的浪潮之下，人工智能正在崛起，强大的超级计算机通过大量数据来辨识模式并自主学习，这让人们产生了担忧：人类到底会不会失业？[①]

在美国，华尔街的交易员，这个曾经光鲜的职业很快将消失；特斯拉汽车公司已经尝试全部使用机器人来装配汽车，这使得工厂雇用工人的数量大幅度减少，而出厂的汽车性能和质量却更稳定。

在中国，位于东莞松山湖的长盈精密技术有限公司是一家生产、销售手机系列连接器、屏蔽件和超精密五金端子及模具的高新技术企业。过去，这家工厂的正常运转需要 650 名员工的辛勤劳作，但现在 60 条机器人手臂昼夜不停地工作在 10 条生产线上。这是一家正在转型的"无人工厂"，员工只剩下 60 人，其中 3 人负责检查和监控生产线，其他人负责监控电脑控制系统。工厂在实现了用机器取代 90% 的人力资源后，提高了 250% 的生产效率、降低了 80% 的缺陷率。

"人工智能将快速爆发，10 年后，50% 的人类工作将被人工智能取代。"在接

---

① 人工智能简明知识读本编写组. 人工智能简明知识读本 ［M］. 北京：新华出版社，2017.

受媒体采访时，创新工场董事长李开复给出了这样的判断。

吴军认为，这次由机器智能带来的革命，对社会的冲击将是全方位的，我们所依赖的那些所谓需要智力的工作也在消失。即使有新的行业出现，由于机器智能的影响，它们所需要的就业人数相比过去的老行业也会少很多。①

尤瓦尔·赫拉利进一步认为，自工业革命爆发以来，人类就担心机械化可能导致大规模失业。② 然而，这种情况在过去并未发生，因为随着旧职业被淘汰，会有新职业出现，人类总有些事情做得比机器更好。只不过，这一点并非定律，也没人敢保证未来一定会继续如此。人类有两种基本能力：身体能力和认知能力。在机器与人类的竞争仅限于身体能力时，人类还有数不尽的认知任务可以做得更好。所以，随着机器取代纯体力工作，人类便转向专注于至少需要一些认知技能的工作。然而，一旦等到算法在记忆、分析和辨识各种模式的能力上超过人类，会发生什么呢？

麦肯锡公司预测，到2030年，全球可能有8亿个工作岗位将随着自动化的实现而消失。③

2. 人工智能影响就业的机理分析

曹静等认为，人工智能的发展会导致自动化的成本逐渐下降，从而引起机器对人类劳动的替代。④ 实际上，技术进步导致机器取代人类劳动并不是一个新话题。有关技术性失业的担忧从18世纪后期工业化开始即产生，之后众多经济学家对此问题展开了持续而深入的研究，探讨技术进步到底会增加还是减少就业。从现有文献研究的主流观点来看，技术进步对就业可能同时具有负向的抑制效应和正向的创造效应。一方面，技术进步提高了劳动生产率，并会替代部分劳动，从而减少就业机会。例如，著名经济学家熊彼特认为，技术创新和生产率的提高将引起对生产新产品所用的主要要素需求的短暂上升，但工艺创新的节约效果将导致劳动力需求的下降，从而引起更高的失业率。另一方面，技术进步也会通过资本化效应创造就业机会。由于资本化带来的就业机会的成本在最初已经支付，技术进步越快，意味着未来收益的有效贴现率越低，利润的现值越高。因此，企业为了实现利润最大化，会扩大生产规模，提供更多工作机会。对于上述两种效应具体哪一种效应占优，学

---

① 吴军. 智能时代：大数据与智能革命重新定义未来 ［M］. 北京：中信出版社，2016.

② 尤瓦尔·赫拉利. 人类简史 ［M］. 林俊宏，译. 北京：中信出版社，2014.

③ 陆琲嘉. 2030年，全球8亿人的工作可以被机器取代［EB/OL］.（2017 - 12 - 01）. https://www.sohu.com/a/207759762_ 115376.

④ 曹静，周亚林. 人工智能对经济的影响研究进展 ［J］. 经济学动态，2018（1）.

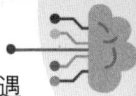

术界并未达成统一意见。而过去两个多世纪的历史数据显示，自动化和技术进步并未使更多劳动力失业，虽然失业率存在周期波动，但并没有明确支持失业率随着技术进步而长期增加的论据。人工智能浪潮与以往的技术革命相比有很多共同点，比如解放了人类劳动，极大地提高了生产力。同时，人工智能也有很多新特点。人工智能浪潮相比以往的技术革命的不同主要体现在其变革的速度、规模和深度上。机器学习能力的发展使得从前非常规的工作变成常规的工作，从而可以实现生产活动计算机化。机器开始扮演大脑的角色，而不再局限于是一个拓展人类能力的机器。实际上，它不但补充了人类劳动，而且具有以全新的方式替代人类劳动的潜质，这将冲击许多以往未受技术影响的职业。人工智能的出现使得机器对劳动力的替代达到了过去无法比拟的速度和规模。

人工智能是否会很快打破就业市场的均衡呢？[①] 现有的理论模型大多是假设计算机或者自动化主要会通过两个渠道影响劳动力市场：一是补充作用，即计算机可以补充人类劳动，提高某些类型技能的生产力；二是替代作用，即计算机会替代以前由劳动力完成的工作。基于上述假设，有学者研究发现，自动化虽然会减少传统任务的就业，但是新任务的创造也会增加就业。当然，这只是一种基于假设的定性分析。而相关的实证文献则基于历史数据定量预估了人工智能对劳动力就业的影响效应。目前的实证研究一般聚焦于人工智能对某一具体领域就业的影响，如工业机器人或者计算机资本对就业的影响。从工业机器人角度出发的文献多数使用国际机器人联合会（IFR）的数据。IFR 提供了 1993—2014 年 50 个国家的工业机器人使用数据，大约占工业机器人市场的 90%。有学者的研究发现，工业机器人过去的应用并未对总就业有显著的影响，但确实会带来就业构成的改变，即机器人使用虽然会减少制造业的就业，但是增加了服务业的就业。还有学者采用经济合作与发展组织（OECD）中 15 个国家 8 个部门 15 年的动态面板专利数据集，利用广义矩量法（GMM）评估机器人技术进步对劳动力市场的影响，发现机器人技术进步（用机器人专利数目来衡量）对就业有温和的正影响。上述实证研究的结果表明，基于不同的地区和数据，人工智能对劳动力就业的影响效应并不相同，原因可能在于：一是人工智能对就业市场的影响本身很复杂，不同的国家或地区人工智能的发展水平和状态并不同步，而劳动力市场本身也具有很大的差异性，产出弹性和劳动力供给弹性不完全相同，从而对就业产生了不同的影响效果；二是人工智能有不同的表现和

---

① 蔡跃洲，陈楠. 新技术革命下人工智能与高质量增长、高质量就业［J］. 数量经济技术经济研究，2019（5）.

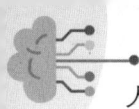

应用形式，如工业机器人、数字化等，不同形式的技术化条件对劳动力就业的影响方向可能并不一致。

3. 可能会被替代的职业或岗位：基于文献观点

弗雷和奥斯博恩应用概率分类模型估计了美国 702 种职业将来被计算机替代的可能性。① 他们以 O＊NET 数据库中的职位为对象，从每种职位关键特征的描述中归纳出 9 个不易被自动化的技能特征（帮助和照顾他人的能力、说服能力、谈判能力、社会洞察力、艺术能力、创造性、手工技艺、手指灵巧度、在狭小空间中工作的能力），并根据每种职业描述将目标职业在这 9 个特征维度上受计算机化影响的程度分别进行量化，将职位被计算机化的风险按照大小分为高、中、低三类，结果显示美国有高达 47% 的职位存在被高度计算机化的风险。

问题也许没那么严重。阿恩茨塔尔认为弗雷和奥斯博恩的研究存在方法论问题，主要是不应以某一职位整体作为被测度对象，因为每个职位的工作通常都包含多个工作任务，之前被认为是高风险的职业中经常包含很大份额难以被自动化的任务，因此应以具体的工作任务而非职位整体作为分析对象，才有可能避免对自动化替代率的高估。在考虑了工人职位间任务的异质性后，阿恩茨塔尔运用 PI－ACC 数据库中的实际工作任务数据估计了 21 个 OECD 国家工作自动化的份额。其结果显示，以工作任务为单位计算不同职业被自动化的风险，相比基于职位的方法得出的结果要小得多，仅为 9%。②

尽管对替代比例的预测结果存在争议，但不可否认的是，无论是体力劳动还是智力劳动，都包含一定数量可被自动化的工作任务，且随着人工智能技术的发展，人工智能的替代成本会不断降低，这种替代必将呈加速趋势。

那么具体哪些职业和岗位受到的冲击比较大呢？罗兰·贝格公司的研究发现，在公司业务中承担支持性职能的岗位受智能流程自动化与人工智能的影响最大，主要包括财务与会计、人力资源、法务、IT 与行政等。

陈明生基于对人类劳动的分类模型，利用"中国教育在线"建立的"职业信息大全"对职业类型的划分和对职业特征、职业要求的描述，对我国三大产业中比较容易被人工智能替代的工作岗位进行了分析，他认为：各企业、机关事业单位的会计、统计、审计及行政后勤人员将被人工智能大量替代，第一产业、第二产业中

---

① 曹静，周亚林. 人工智能对经济的影响研究进展［J］. 经济学动态，2018（1）.
② 曹静，周亚林. 人工智能对经济的影响研究进展［J］. 经济学动态，2018（1）.

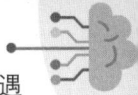

的生产人员和批发零售业、金融业、交通运输业、仓储和邮政业中大量的就业人口将被人工智能替代，而各产业中的研发、分析、经营管理人员和第三产业中的其他产业就业人口较难被人工智能替代。[①]

很多学者强调需要警惕人工智能和自动化带来的就业极化现象。就业极化是指高技能行业及低技能服务业的就业岗位会增加，而人工智能或者计算机化将对中等技能人员进行替代。有证据证实，就业极化现象在很多国家的劳动力市场已经出现。而杰夫·科尔文在《不会被机器替代的人：智能时代的生存策略》一书中认为，人工智能对就业岗位的冲击将是"全技能图谱的"，那些曾经"高枕无忧"的人同样面临被替代的危险。[②]

4. 可能会被替代的行业、职业类型、岗位、管理岗位层次和工作任务性质：基于调查数据

在笔者关于本研究所进行的问卷调查中，针对人工智能可能产生的影响，从行业、职业类型、岗位、管理岗位层次和工作任务性质五个层面设计了问题项，361份有效样本中的相关数据如下所示：

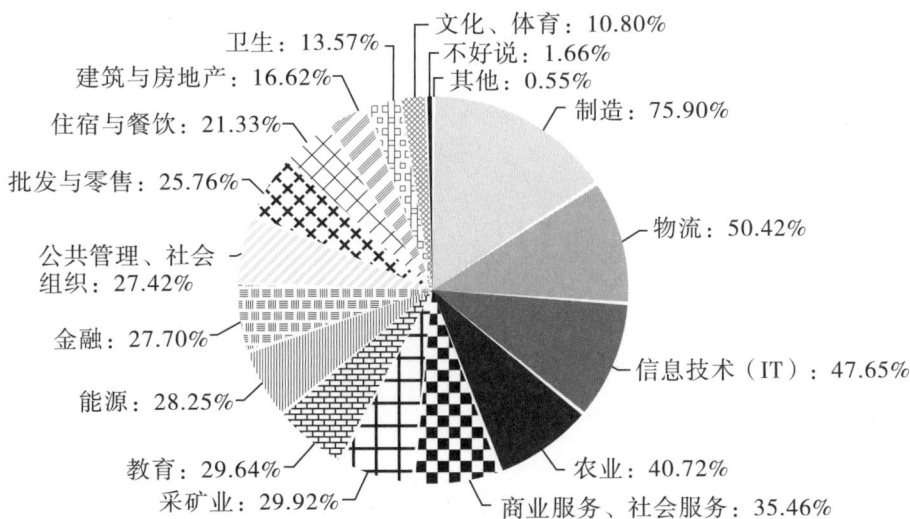

图4-1　认为未来会受到人工智能较大冲击的行业分布比例

① 陈明生. 人工智能发展、劳动分类与结构性失业研究［J］. 经济学家，2019（10）.
② 杰夫·科尔文. 不会被机器替代的人：智能时代的生存策略［M］. 俞婷，译. 北京：中信出版社，2017.

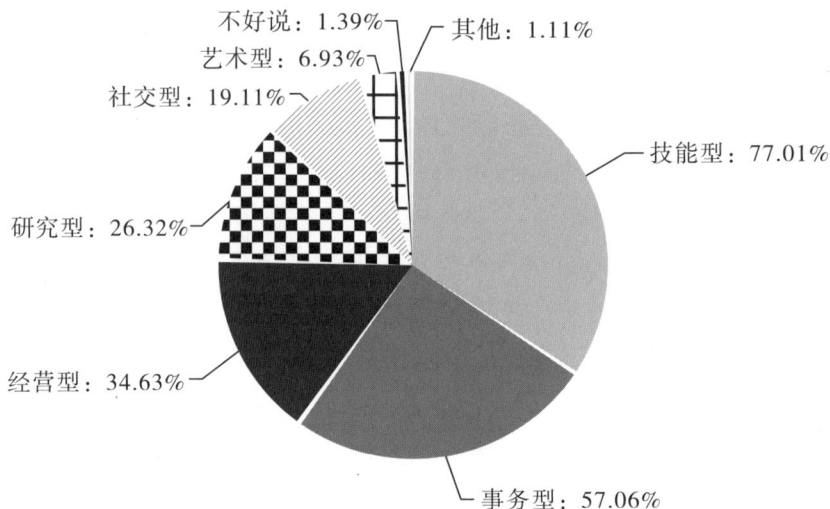

图4-2　认为未来会受到人工智能较大冲击的职业类型分布比例

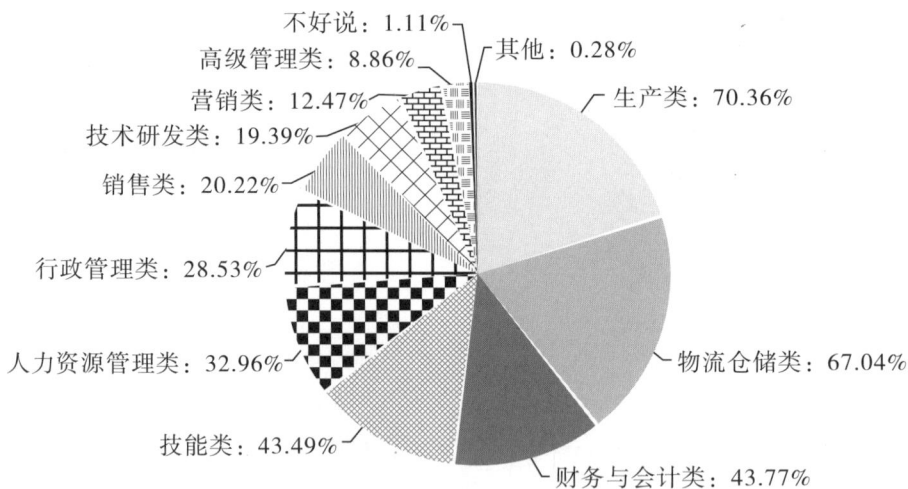

图4-3　认为未来会受到人工智能较大冲击的岗位分布比例

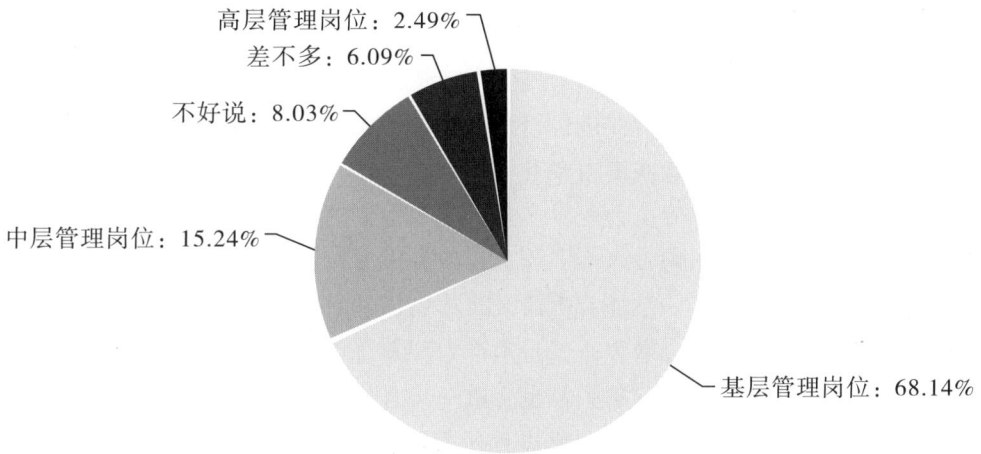

图 4 - 4　认为未来会受到人工智能较大冲击的管理岗位层次分布比例

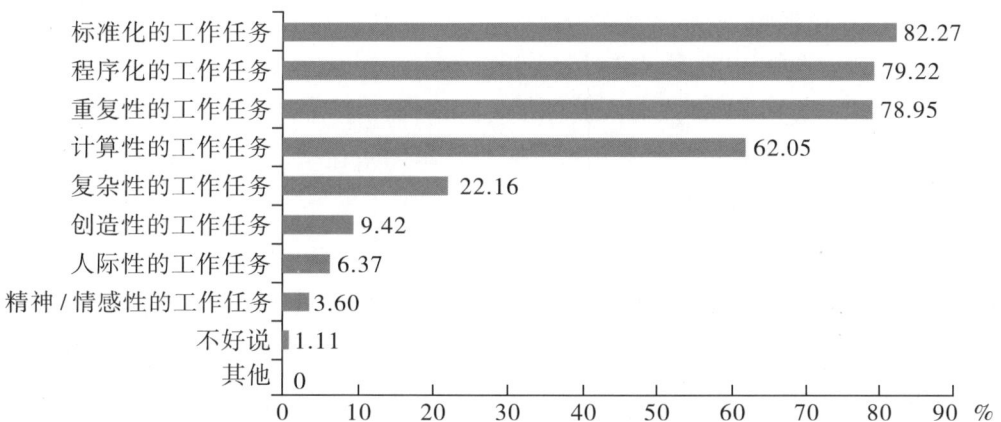

图 4 - 5　认为未来会受到人工智能较大冲击的工作任务性质分布比例

（二）人工智能将会对收入分配的公平性产生新的冲击，从而影响人力资源开发各主体的投资力度

开发人力资源意味着投资，前文述及广义的人力资源开发也被视为基本等同于人力资本投资。投资的主体是多元的，来自家庭和个体的投资力度、投资效率是决定人力资本存量高低的主要因素，而决定投资力度大小的除了来自观念、意愿等主

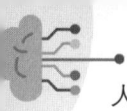

观因素之外，投资主体的财力或者说收入水平是最主要的客观制约因素。因此，如果人工智能对收入分配有显著影响的话，那么其对人力资源开发的影响就是显而易见的。人工智能将会给收入分配带来哪些影响呢？

在充分肯定人工智能将给促进经济增长、创造社会财富带来积极影响的同时，人们也表现出了对人工智能或者自动化可能加剧收入不平等的担忧。奥特尔指出，如果自动化会促使一部分劳动力变得多余，那么主要的经济问题将是分配而不是稀缺。关于人工智能如何影响收入不平等，目前有很多解释。伯格指出，目前不平等增加的原因主要有两个：一是随着机器人技术更加便宜，个人产出将会增加，因此资本所占总收入的份额将会增大；二是生产力和熟练劳动力的工资稳步增长，低技能的劳动力会受到损失，工资不平等也会进一步恶化。[①]

如果以人工智能为代表的自动化进程所引致的就业结构两极化趋势不断加剧，必然会给宏观层面的收入分配格局带来重大影响。相关实证研究结果显示，在 20 世纪大部分时间里，资本和劳动在国民收入中的份额都基本稳定，但进入 21 世纪后，伴随着劳动报酬所占比重的下降，上述稳态开始被打破。[②] 以美国为例，1947—2000 年，劳动报酬在国民收入中的平均占比为 64.3%，而此后的 10 年持续下降，到 2010 年已降至 57.8%。其他主要经济体甚至从 20 世纪 80 年代便出现了劳动报酬占比下滑的势头。与之相对的则是资本回报在全世界范围内呈上涨趋势，更多的财富向少数资本所有者聚集，加剧了分配的不平等。奥特尔等学者认为，人工智能应用带来的生产效率提升，将会继续提高资本要素回报率，从而扩大劳动要素与资本要素的回报差距。与此同时，人工智能所具有的技术密集和资本密集特征使得其应用推广将会进一步加强资本深化，即进一步降低劳动报酬在国民收入中的比重，加大资本和劳动在国民收入初次分配中的占比差距。而具体到劳动者群体内部，人工智能带来的就业结构变化则会转化为不同群体之间收入差距的扩大。一方面，伴随着就业极化，原本处于中等收入岗位的劳动者，要么失业，要么向低端岗位下滑，从而扩大了劳动者群体内部的收入差距。另一方面，就业结构调整后，低技能岗位的就业人数增长，竞争更加激烈，工资下行压力持续加大，导致高技能人群与低技能人群之间的工资差距不断扩大，最终表现为收入分配上对高学历、高技能劳动者群体的不断倾斜。上述理论层面的分析在实证层面得到了多方印证。阿西

---

① 曹静，周亚林. 人工智能对经济的影响研究进展 [J]. 经济学动态，2018（1）.

② 蔡跃洲，陈楠. 新技术革命下人工智能与高质量增长、高质量就业 [J]. 数量经济技术经济研究，2019（5）.

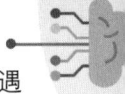

莫格鲁和奥特尔利用 1963—2008 年美国劳动力市场的数据分析了不同教育水平群体间的收入差距变化，结果表明：20 世纪 80 年代以后，本科及以上学历群体的收入不断增加，其中研究生群体的收入涨幅最大；本科以下学历群体的收入水平则陷入停滞，高中肄业群体的收入甚至开始下降。① 卡茨和奥特尔对多个 OECD 国家的工资结构变化的研究也表明：虽然技术进步不会对劳动力就业岗位的总量影响太大，但是许多与自动化技术高度互补的高薪职位对于未受过高等教育的劳动者群体来说是遥不可及的；美国及其他很多发达经济体的收入分配都明显偏向于受过高等教育的精英群体，中等收入群体的实际收入水平在 1999 年达到峰值后持续下降，至 2011 年已下跌近 10%，而同期美国国内生产总值（GDP）始终保持增长。当前，以人工智能技术应用为核心的自动化进程在创造更多社会财富的同时，如果在再分配领域缺乏有效的机制和政策保障，也必然会导致收入分配差距的进一步扩大，部分群体会成为利益受损者。其中，具有良好教育背景和技术专长的青年人有望从中受益，而那些身处被替代行业、受教育程度和技能水平低于平均值且人过中年的群体将难以避免遭受福利损失。

　　上述分析主要是针对人工智能最终对个体收入水平的影响，但从传导逻辑上分析，在人工智能影响到个体收入之前，其影响的首先是产业、行业和企业，其作用机理也是相似的，即有些产业、行业和企业会从人工智能发展中受益，但与之相应，有些产业、行业和企业将会受损。进一步而言，人工智能还会对不同地区的企业和个体产生不同的收益影响，这一影响最终会传导至所在地区的政府税收和财政收入。无论是政府、企业还是家庭、个体，都是人力资源开发的主体，人工智能对收入分配的影响最终都会给开发主体的人力资本投资带来影响。

二、中观层面的影响和挑战：学校教育与企业人力资源开发

（一）学校教育：人工智能到底能带来多少改变

　　学校教育是人力资源开发特别是潜在人力资源开发最主要的途径和方法。在前文分析的人工智能应用场景中，教育领域即其中重要的场景之一。一个不太为人注意的事实是，尽管信息技术在教育领域的应用已经非常广泛和深入，较具革命性的

---

① 蔡跃洲，陈楠. 新技术革命下人工智能与高质量增长、高质量就业［J］. 数量经济技术经济研究，2019（5）.

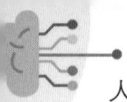

技术当推 PPT 和互联网技术的应用，给课堂教学和学生学习带来了深刻的影响。但也有人发现，与信息技术对很多行业的影响相比，学校教育所受的影响似乎还不够大。《史蒂夫·乔布斯传》中描述了苹果公司的联合创始人史蒂夫·乔布斯与比尔·盖茨在会面中对教育问题和对未来学校设想的讨论，他们一致认为，迄今为止，计算机对学校的影响小得令人吃惊——比对诸如媒体、医药和法律等其他社会领域的影响小得多。① 国内学者在解读这两位商界知名人物的共识时，进一步将其延伸为："为什么 IT 改变了几乎所有领域，却唯独对教育的影响小得令人吃惊？"这一发问也成为国内教育领域在讨论信息技术如何推动教育变革时津津乐道的"乔布斯之问"。② "乔布斯之问"的核心在于教育信息化的实际效果与人们的期望值之间存在巨大落差，那为什么会有这么大的落差呢？

1. 教育的改变：为什么那么难

要回答"乔布斯之问"，可能还要从教育的特殊性以及技术与教育的关系说起。

教育是关于"如何成人、如何成才"的特殊领域。关于教育，众说纷纭。《辞海》对教育的定义是"培养新生一代准备从事社会生活的整个过程，主要是指学校对儿童、少年、青年进行培养的过程"。美国学者杜威说"教育即生活"。中国学者陶行知说"生活即教育"；鲁迅说"教育是要立人"；蔡元培说"教育是帮助被教育的人，给他能发展自己的能力，完成他的人格，于人类文化上能尽一分子的责任，不是把被教育的人造成一种特别器具"；黄全愈说教育"重要的不是往车上装货，而是向油箱注油"；钟启泉说"教育是奠定'学生发展'与'人格成长'的基础"。也就是说，教育不是"以物为中心"，而是"以人为中心"的特殊领域，既关注知识传递这样的物理反应，也关注技能训练、能力培养、精神气质养成等化学反应的发生，还关注每一个独特个体身心全面发展的生物反应的发生。教育行业与制造业、通信业、交通业的不同体现在：后者的工作对象是技术的产物，甚至就是技术本身；作为技术的指向对象，它们都是被动的，可以被改变。而人具有主观能动性，只能自我改变，不能被技术改变；人的学习在本质上只能是自我学习、自我成长，不仅技术不能取代人的自我学习、自我成长，其他人也不能代替自我的学习

---

① 沃尔特·艾萨克森. 史蒂夫·乔布斯传［M］. 管延圻，魏群，余倩，等译. 北京：中信出版社，2015.

② 李芒，孔维宏，李子运. 问"乔布斯之问"：以什么衡量教育信息化作用［J］. 现代远程教育研究，2017（3）.

和成长，"人，只能自己改变自身，并以自身的改变来唤醒他人"①。

信息技术在改变和推动着教育发展，但技术本身很难主宰教育的未来。在技术和教育的关系上，人们的看法并不统一。譬如，有人认为，技术是教育的手段和工具，最终是为教育服务的；也有人认为，技术是导致教育变革的革命性因素，技术的进步将对教育产生颠覆性影响；还有人认为，"技术既是教育教学的手段和工具，也是导致教育教学发生颠覆性改变的革命性因素"②。但也有研究表明，"在不同的历史时期，自1928年开始，一直到现在，均有研究发现：不同的技术手段在对教育与学习结果的影响上不存在显著差异"③。

互联网技术的应用已经给教育带来了深刻影响，不少人认为互联网将会给教育带来"颠覆性影响"。而在新东方联合创始人俞敏洪看来，互联网更新了教学手段，提高了学生的信息获取效率，对教育的推动是毫无疑问的。但互联网"颠覆不了教育的本质"，"互联网想要颠覆教育，尤其是全面颠覆教育，可以说是痴人说梦"。④

"只有技术是不够的。我们笃信，是科技与人文的联姻才能让我们的心灵歌唱。"确实，"从目前来看，还没有哪所学校仅凭信息技术就可以实现学校的'脱胎换骨'或跨越式发展"⑤。但如果我们坚信"质变是量变的积累"，那么集各种信息技术之大成的人工智能是否将会给教育带来质的变化呢？也许在不久的将来就会有答案。

2. 教育的变革：不是因为人工智能的到来才开始

"教育是一门时代学"⑥，时代在变，教育必须或不得不变。推动教育变革的力量是多方面的，技术的进步在促进教育变革方面扮演了重要角色。文字的发明和使用使得学校这样一种有计划、有组织的教育形式诞生，而造纸术和印刷术的发明使得书籍成为学习和传播知识的有力武器，工业革命使得大规模标准化教育成为现实，让更多人获得了受教育的机会，但传统的个性化教育也渐行渐远，这些变化都

① 陈晓珊. 人工智能时代重新反思教育的本质［J］. 现代教育技术，2018（1）.

② 王竹立. 碎片与重构2：面向智能时代的学习［M］. 北京：电子工业出版社，2018.

③ 杨浩，郑旭东，朱莎. 技术扩散视角下信息技术与学校教育融合的若干思考［J］. 中国电化教育，2015（4）.

④ 俞敏洪. 互联网颠覆不了教育［DB/OL］.（2015-11-28）. http://edu.qq.com/a/20151128/035949.htm.

⑤ 李芒，孔维宏，李子运. 问"乔布斯之问"：以什么衡量教育信息化作用［J］. 现代远程教育研究，2017（3）.

⑥ 曹培杰. 智慧教育：人工智能时代的教育变革［J］. 教育研究，2018（8）.

堪称已经发生的教育领域的革命性变化。而当下，信息技术的大发展同样给教育带来了深远的影响，教育的变革可谓从未止步。有学者对技术推动教育变革的历程进行了简单梳理，见表4-1。

表4-1 技术进步与教育变革的关系①

技术	时代	人才需求	教育教学体系
种植技术	农业时代	个体劳动者	私塾、书院
蒸汽机	工业时代	流水线上的工人、各行业的专业人士	现代学校制度
计算机、网络	信息时代	信息的生产者、加工者、传播者、使用者	个性化在线学习环境
大数据、人工智能	智能时代	创新型人才	创造性的学习环境

作为被视为与蒸汽机、计算机等革命性发明同一"量级"通用技术的人工智能将会给教育带来哪些改变呢？

事实上，人工智能和教育早已结缘。兴起于20世纪50年代末期的计算机辅助教育（Computer Based Education，CBE）和始于20世纪70年代的智能教学系统（Intelligent Tutoring System，ITS）都可被视为早期人工智能在教育领域的具体应用，给教学、科研和管理等都带来了积极影响。尽管"目前，人工智能对教育的深刻影响还没有完全凸显出来，甚至还没有被完全认识到"，但教育机器人、智能教室、VR/AR和自适应学习系统等技术和产品的应用已让我们感受到了人工智能促进教育变革的潜力。作为一种可能对社会产生全方位影响的通用技术，在"已有的通用技术（蒸汽机、电力、计算机通信等）已为教育提供物质与能量、媒体与学习环境（书籍、幻灯片、计算机、互联网等）"的基础上，人工智能这一新的通用技术有望给教育领域带来"真正意义上的革命"。②

3. 以人工智能为代表的新一代信息技术给学校教育带来的变化

人工智能来了，变化已然发生，改变也将继续。

---

① 王竹立. 技术是如何改变教育的：兼论人工智能对教育的影响［J］. 电化教育研究，2018（4）.

② 张志祯，张玲玲，李芒. 人工智能教育应用的应然分析：教学自动化的必然与可能［J］. 中国远程教育，2019（1）.

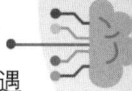

变化之一，学习的空间扩大了，时间自由了。学习空间已经不限于学校，而是处处可以学习，可以在物理空间学习，也可以在虚拟世界学习；学习可以发生在统一的授课时间，也可以发生在你认为方便的任何时候。

变化之二，教育培养的目标更强调"活的"能力获得，而不是"死的"知识储存。只有培养出机器不能替代的创造力、复杂沟通能力、人际能力、领导力等，才能适应人工智能时代的要求。

变化之三，课程内容更为综合化和动态化。传统的分科课程不利于培养学生的综合思维能力，未来的课程将更重视学科内容的整合；知识的"半衰期"越来越短，课程内容必须快速更新。

变化之四，学习形式更为灵活多样。既可以一个人静静地学习，也可以加入慕课（MOOC），与数万人共同学习，还可以在教育机器人的辅助下智能化学习。

变化之五，学习变得更为个性化，教育更为精准化。人工智能在教学中的应用，可以使教师更好地根据学生的学习兴趣、爱好和基础条件，为每个学生设计个性化的学习方案，促进课程安排和学习方式的多样化，增加学生的学习选择权。

变化之六，师生关系向平等、合作转变。教师不再是知识的唯一载体，更不是知识的权威。教师的角色必须由传统的知识传授者转变为教学的设计者、指导者和帮助者，成为与学生共同学习的伙伴。

虽然技术在变，学校教育也确实在发生实实在在的变化，但有些方面似乎并未改变。

不变之一，人类大脑硬件没有什么变化。《生猛的进化心理学》一书讲到，今天我们周围所见到的一切——城市、国家、房舍、街道、政府机构、电视、电话和电脑——几乎都是在最近一万年中才出现的。但对人类的身体而言，其适应的却是远古环境，也就是说，我们拥有的还是一个石器时代的身体，包括大脑。相对于变化太快的外部环境，人类进化的速度几乎可以忽略不计。

不变之二，人类的认知学习方式没什么变化。既然作为认知学习的硬件——大脑自人类文明诞生以来没有什么变化，在人类没有大的技术突破之前，人类的认知学习方式也不会有什么变化。《翻转课堂的可汗学院》一书探讨了"为什么正确的教育规律不能被运用"这一问题，给出的解决方案就是教育要符合人的学习规律，具体做法就是根据每个人的学习状况自主设计学习的进程。

不变之三，教育的本质不变。不管技术手段如何变化，"教育传承文化、创新知识和培养人才的本质不会变，立德树人的根本目的不会变"，"教育永远要把培养

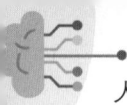

学生的思想信念、道德情操放在第一位，培养德才兼备的未来公民"。①

4. 人工智能对学校教育可能的冲击

（1）知识还有力量吗？

17 世纪的英国著名思想家弗兰西斯·培根认为，"掌握知识是认识自然和征服自然的根本性力量"，"知识就是力量"成为人们学习成长的"精神明灯"。这一观点之所以深入人心，有一个基本的时代背景：那时知识是非常稀缺的，知识传播方式是极为有限的。但今天，"人类社会所积累的各种知识无论是数量还是质量与300 多年前相比均不可同日而语"，知识的增长堪称指数级，人类已进入"知识爆炸"和"信息超载"时代；通信技术和互联网技术的发展使得知识传播方式和速度发生了质的飞跃；知识的"半衰期"在不断缩短，有研究显示，18—19 世纪的知识"半衰期"为 80～90 年，进入 20 世纪 90 年代，知识"半衰期"已快速缩短为 3 年，而进入 21 世纪，人们已无法给出具体的时间。随着互联网技术的深入渗透，知识的创造与更新速度只会越来越快。"如果你要等新知识被权威学者编成教科书后才去学习，很多知识可能早已过时了。"②

当然，知识仍然是进步的阶梯，没有一定的旧知识作为储备，新的知识和创造力的培养就是"无源之水"，因而知识依然有力量。但单纯依靠知识打天下的时代已经一去不复返，尤其是学生依靠在学校所学到的知识去解决未来出现的问题的可能性已经变得越来越小，学会学习，终身学习，不断更新自己的"知识图谱"，将是人工智能时代的不二选择。

（2）学校会消失吗？

将"接受教育"与"到学校学习知识"画上等号是大多数人的固有观念，但互联网和人工智能在教育领域的深入应用将使这一观念发生巨大变化。各种在线的、没有围墙的学校正向学子们敞开大门；各级各类学校的"知识传播主战场"地位正被削弱，随时、随地、随需、随变的知识传播方式正在形成。那么，学校会消失吗？

笔者认为，未来学校一定会发生巨大的变化，但不会消失。在中国教育学会名誉会长顾明远看来：学校是人走出家庭、走向社会的第一个公共场所，是人生社会

---

① 顾明远. 未来教育的变与不变［N］. 中国教育报，2016 - 08 - 11（3）.

② 张治，李永智，游明. "互联网 +"时代的教育治理［M］. 上海：华东师范大学出版社，2018.

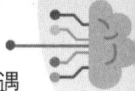

化的第一步。联合国教科文组织在《反思教育：向"全球共同利益"的理念转变？》中指出，教育不只是个人发展的条件，还是人类集体发展的事业。个人不是孤立地发展的，而是在人类社会共同发展的进程中发展的。因此，人工智能时代使个性化学习成为可能，但这也并不排斥集体学习，学校则是学生集体学习、共享学习成果的最好场所。①

有学者基于技术推动社会变迁的脉络，勾勒了教育与学校形态变化的历史与未来趋势，见图 4 - 6。

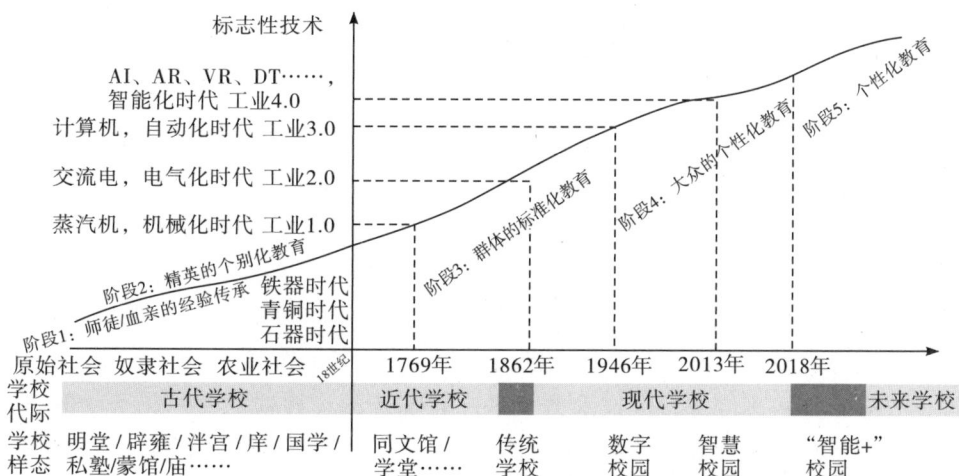

图 4 - 6　学校发展的"技术—社会"脉络②

（3）教师会失业吗？

既然知识的"决定性地位"在下降，知识的传播方式更为多样，那么曾经作为"知识权威"的教师怎么办？挑战至少来自三个层面：

一是在知识传授层面，教师面临 MOOC 等网络教育的挑战。在对知识更新相对较慢的基础知识传授上，如数学、物理、化学、生物等，名校名师的 MOOC 对这些科目的教师产生了极大的冲击。

二是在知识学习层面，自适应学习系统等人工智能应用将弱化传统意义上的教师职能。在自适应学习模式下，学生可以结合自身的实际情况，随时随地进入相应

---

① 顾明远. 未来教育的变与不变 [N]. 中国教育报，2016 - 08 - 11（3）.

② 曹晓明."智能＋"校园：教育信息化 2.0 视域下的学校发展新样态 [J]. 远程教育杂志，2018（4）.

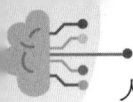

的学习环境之中展开学习。相应的学习方案也可进行"自动适应",自适应学习系统可以针对不同学生的水平差异,推送最适合他们的题目和学习视频等内容。伴随自适应学习系统的应用,教师的指导作用将会下降。

三是在师生关系层面,教师的"权威"面临挑战。在很多前沿知识面前,教师几乎和学生站在同一起跑线上,如何成为学生知识学习的引领者,变得越来越困难;而在对数字化、信息化工具的掌握上,"这些年轻人是历史上第一代比年长者(老师和父母)更了解当前社会变革中最强大工具(数字信息和通信技术)的人,在他们面前,老师和父母往往成了学生"①。

面对挑战,可以肯定的是,教师岗位的工作方式将会发生变化,部分教学活动任务会由人工智能来完成,并且随着人工智能技术的进一步发展,未来教师的工作任务由高度集成的、个性化的教育机器人完成的比例会更高。即使如此,大多数专家和机构也认为,教师这一职业并不会被替代,"未来的教育,教师依然在场"②。

国外有关机构分析了未来 360 多种职业被人工智能所替代的可能性,其中教师被替代的可能性仅为 0.4%,可能的原因在于:教育既是对知识的传递,更是对人的精神世界的塑造。技术可以操作知识、传递知识,但是不能操作价值观、不能通达人性。人性中最核心的内容——判断力、创造力、自由精神、独立人格、良知良行等还要靠教师的言传身教。技术擅长程序化的、预设性强的、一成不变的事务,但教育的场景具有不可重复性和高度的情境性,教育过程中每一个事件的发生和每一次思想的碰撞都是独特的、与此情此景密切相关的、不可提前预设的,这些场景的处理离不开教师的经验和智慧。③

(4)学生的思维和能力会退化吗?

技术能提高学习效率似乎是无可置疑的,但技术工具的过度应用有可能产生本末倒置的结果。④ 2015 年,OECD 国际学生评价项目关于电脑使用对学生成绩影响的研究结果显示:学生使用计算机的频率越高,阅读能力和数字理解力就越低。也有学者的研究发现:互联网链接妨碍了学生学习。可能的原因在于:多媒体对精力的分散加剧了认知疲劳,从而削弱了学习能力,降低了理解程度,给大脑供应的思

① 伯尼·特里林,查尔斯·菲德尔. 21 世纪技能:为我们所生存的时代而学习 [M]. 洪友,译. 天津:天津社会科学院出版社,2011.

② 陈晓珊. 人工智能时代重新反思教育的本质 [J]. 现代教育技术,2018(1).

③ 陈晓珊. 人工智能时代重新反思教育的本质 [J]. 现代教育技术,2018(1).

④ 杰夫·科尔文. 不会被机器替代的人:智能时代的生存策略 [M]. 俞婷,译. 北京:中信出版社,2017.

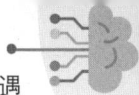

考原料，并非越多越好。一些研究通过课堂教学实践也证明了在教学中使用多媒体会影响学生的学习、分散学生的注意力。

尼古拉斯·卡尔考察了自动化对工作活动性质和工作者技能的影响，发现省力的设备不仅代替了部分工作，还改变了任务的性质：对于飞机、轮船等驾驶操作工作，自动化技术把人类从直接操作者变为观察者，降低了人类对于突发紧急事件的应对能力；对于医生、会计师等从事的诊断、决策工作，决策支持软件的采用降低了人评估复杂案例的能力。总体上，计算机自动化似乎阻碍了人类将任务自动化的心理能力，造成了人类个体技能的退化。

5. 人工智能时代的教育需要培养什么样的人

人类并非地球上独一无二的动物，但和其他动物相比，人类具有无可比拟的优势：拥有相对大且高度发达的大脑，是唯一会用火、会穿衣、会烹调食物以及其他高级技术的物种，创造了语言、宗教、艺术、科学等属于自己的文明。今天的人类是漫长生物进化的结果，但伴随着人类创造的人工智能等技术的发展，人类曾经的优势，乃至人类进化的进程，都可能被打破。

马文·明斯基在其著作《心智社会》中强调"大脑不过是肉做的机器"。他坚定地认为，"人工智能是有史以来能最大限度增强人类能力的东西，人类并不是进化的终点"。奇点大学校长、著名未来学家雷·库兹韦尔更预言，新一代人工智能在未来将通过"图灵测试"，非生物意义上的人将会出现，人类将成为混合式机器人，进入进化的新阶段。

（1）和人相比，人工智能到底强在哪里？

一是超强的记忆力。人类也许能记住成百上千个同类的面孔，而人工智能可以在数以亿计的面孔中找出某个犯罪嫌疑人；超市里的服务机器人可以将你迅速带到想要的物品货架跟前。

二是敏锐的感知力。随着图像识别、语音识别技术的成熟，人工智能在包括视觉、听觉、触觉、温度感应等在内的感知能力方面将迅速接近并超越人类。借助这一能力，各种机器人将会有更大的用武之地。

三是卓越的判断力。在需要进行信息处理的工作上，人工智能的优势明显，其从庞杂无序的数据中发现规律和解决问题的能力非人脑所能比，由此在推理、分析和预测方面展示出了卓越的判断力。而这一能力正是人工智能取代那些机械化、重复、工作内容比较单一、可程序化的人类工作的法宝。

四是惊人的学习能力。AlphaGo对战李世石九段时还曾失手一局，而第二代的

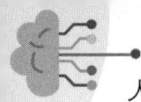

AlphaGo Master 以 3∶0 的比分较为轻松地击败了柯洁九段，第三代的 AlphaGo Zero 是根据白板理论重新设计的，它不需要连入网络，不需要大数据支撑，而是使用"小数据"，完全从零开始自主学习，仅用 3 天就以 100∶0 的战绩"碾压"了 AlphaGo，而经过 40 天的自我训练后即击败 AlphaGo Master，这种学习能力远远超出了我们对简单人工智能的想象。

五是旺盛的精力。人工智能继承和发扬了传统机器不知疲倦、始终保持旺盛精力的优势，不仅可以胜任无休止的重复性体力劳动，还可以以稳定的情绪状态面对高智力活动的挑战。柯洁在对战 AlphaGo Master 时，重压之下情绪一度失控，但他的对手不会。

（2）同人工智能相比，硬技能不是人类的强项，软技能才是。

杰夫·科尔文认为"21 世纪最关键的技能"是同理心，在他看来，同理心就是要能了解别人的想法和感受，并做出恰当反应。同理心是科技进步背景下赋予人价值的所有能力的基础。随着机器逐步取代那些机械化、没有社交成分的工作，人类最有价值的角色越来越具有高度社会性的成分。

2016 年，美国的一项雇主调查结果显示，雇主们最希望大学毕业生具备的素质是领导能力，有超过 80% 的受访者表示，他们希望能在求职者的简历中寻找到领导能力的证据；其次是团队合作能力，这一素质的选填比例也达到了近 79%；书面交流和解决问题的能力以 70% 的比例排在了第三位；而技术技能的认可度排到了职业道德和工作主动性之后，位居所有调查选项的中游位置。[①] 请注意，排在前两位的领导能力和团队合作能力都是典型的人际技能，也就是现在人们常说的软技能，而写作能力和技术技能通常被认为是典型的硬技能。即使不考虑人类要与人工智能比个高下或者人机合作的因素，未来人才培养的重点都应该强化软技能的培养，至少是软技能、硬技能"两手都要硬"。而面对人工智能带来的挑战与机遇，如何发挥人类的比较优势，加强软技能的培养就显得越发必要了。

将人类繁杂的技能选项简单区分为硬技能和软技能显然并没有统一的标准，但一般将通过教育培训就能获得或者可以量化的技能和资历归入硬技能的行列，譬如：操作某种设备或掌握某种技术的专业技能、使用某些工具的技能、外语能力、学历文凭等；而将那些通常"可学而不可教"或难以量化的技能称为软技能，譬如：团队合作、沟通、灵活性、耐心、成就动机等。

---

① 约瑟夫·E. 奥恩. 教育的未来：人工智能时代的教育变革 ［M］. 李海燕，王秦辉，译. 北京：机械工业出版社，2019.

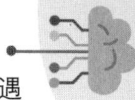

显然，在软技能和硬技能的分析框架下，与人工智能相比，人类几乎所有的硬技能都可能被机器超越，高考状元们在与机器的对阵中也占不到上风了，而在可见的将来，软技能将是人类应对机器的挑战和适应人机协同工作的法宝。

（3）人工智能时代我们需要具备哪些能力？

在未来的工作和生活场景里，除了要处理好传统的人与人之间的关系、人与物之间的关系之外，还要面对如何处理好人与人工智能之间关系的问题，而处理好这些关系的基础是人要对自我进行有效的开发与管理。与之相应，人工智能时代我们需要学习和具备的能力可以概括为：人际关系能力、问题解决能力、人机协作能力和自我管理与发展能力，见表 4 - 2。

表 4 - 2　人工智能时代人类应该具备的基本能力

人际关系能力	问题解决能力	人机协作能力	自我管理与发展能力
同理心	创新性思维	计算思维	批判性思维
沟通与合作能力	专业能力	编程能力	创业精神
人文素养	科学素养	数据素养	学习能力
……	……	……	……

（二）企业人力资源开发与管理：人工智能对人力资源部门的职能影响巨大

罗兰·贝格公司在《人工智能驱动型企业》中明确指出，人工智能对企业包括业务类职能、生产性职能和辅助类职能在内的各方面职能都将产生影响。该报告认为，自动化将对人力资源工作产生深远的影响。人力资源工作的诸多职能都可以实现自动化，包括招聘、内部评估、培训等。人工智能甚至可以对员工的情况进行预测，辅助人才开发。此外，人力资源管理将成为自动化转型的关键。企业将面临自动化给人力资源带来的挑战，包括培训（提高技能）、招聘（新职位）与裁员等。

1. 人工智能类岗位需求的变化给企业人力资源开发带来挑战

企业人力资源开发的主体是企业，客体则是不同岗位上的员工。随着人工智能应用逐步渗透到企业中来，一方面需要面对的是有哪些新的岗位诞生了，如何及时满足这类岗位的人力资源开发需求，既包括招聘需求，又包括到岗后的培训开发和有效使用等；另一方面则是伴随着存量岗位的工作内容、工作方式、考核要求等的变化，人力资源开发如何适应这些变化。

自 2015 年版《中华人民共和国职业分类大典》颁布以来，国家人力资源和社会保障部已先后发布了两批共 29 个新职业。2019 年 4 月发布的首批 13 个新职业包括：人工智能工程技术人员、物联网工程技术人员、大数据工程技术人员、云计算工程技术人员、数字化管理师、建筑信息模型技术员、电子竞技运营师、电子竞技员、无人机驾驶员、农业经理人、物联网安装调试员、工业机器人系统操作员、工业机器人系统运维员。2020 年 3 月发布的第二批 16 个新职业分别是：智能制造工程技术人员、工业互联网工程技术人员、虚拟现实工程技术人员、连锁经营管理师、供应链管理师、网约配送员、人工智能训练师、电气电子产品环保检测员、全媒体运营师、健康照护师、呼吸治疗师、出生缺陷防控咨询师、康复辅助技术咨询师、无人机装调检修工、铁路综合维修工、装配式建筑施工员。在这些新职业中，与人工智能直接相关的有 8 个，间接相关的也有 8 个。这从侧面反映出人工智能带来的职业结构、就业结构的新变化，这些变化都会传导到作为用工主体的企业层面。

笔者基于"前程无忧"招聘平台，抓取了 2020 年 8 月下旬一周内该平台上发布的与人工智能有关的招聘需求信息，初步的数据统计显示：在全国范围内，发布了人工智能相关岗位（包括研发、生产、销售和教育培训等大类，见图 4－7）招聘需求的企业有 3 181 家，提供岗位数量近 9 000 个，计划招聘人员近 22 000 人。而在深圳，对应的三个数据分别为 564 家企业、1 301 个岗位、3 027 人。

图 4－7   "前程无忧"招聘平台人工智能类招聘岗位词云图

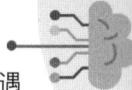

2. 以岗位胜任为目标的人力资源开发面临岗位工作场景和工作方式变化的挑战

未来，无论你身处何种行业，从事何种工作，人工智能都将或多或少地参与其中，人机协同将成为普遍的工作场景。在著名互联网预言家、畅销书《失控》《必然》的作者凯文·凯利看来，人工智能终将成为一种基础服务，人们使用它也会像对待日用品一样顺手。"未来工资更高的人，是更容易和人工智能合作的人。"[1]

《大数据时代》一书的作者维克托·迈尔·舍恩伯格认为，在大智能时代，人与机器不应该是对立的，而应一起学习达成共识。

在马云看来：人工智能一定会给人类带来巨大冲击，智能时代不是让机器做人能做的事情，而是让机器做人做不到的事情；机器不应该成为人的替代者和竞争对手，而应是合作伙伴；只有机器和人一起合作，才是我们想要的智能时代。

人工智能时代，除了人与人之间的分工协作之外，人与人工智能之间的分工协作将变得更加重要。重复性、简单性、危险性任务优先由人工智能完成，可让人的创造力得以发挥，转向更多高质量的就业岗位和工作任务。从这个意义上讲，人工智能在某种程度上不是冲击就业，而是升级了人的"饭碗"，而能否成功，关键在于人机配合的默契程度。

除了人工智能产业内的企业之外，前文描述了人工智能在多个行业领域的应用场景，其中就包括家居、零售等传统行业中的相关企业。事实上，人工智能的通用性、强渗透性特征使得其对各类企业、企业的各类职能工作都产生了或大或小的影响。罗兰·贝格公司认为：过去，自动化通常只关注生产性职能部门，对前端办公室或者公司层面的白领工作影响较小，但人工智能将会带来全方位的转型，公司内部各职能部门都将经历重大变革。[2]

以生产性职能中的前端办公室工作为例，尽管聊天机器人无法取代销售人员与客户进行互动，但行政性工作的自动化可以帮助卖家节约时间，将更多的精力放在销售活动中。机器人流程自动化可以实现收发邮件、开具发票、处理订单与售后服务等工作的自动化，便于企业将更多投资放在销售人员身上，提高其竞争优势。人工智能对中后端办公室工作所产生的影响更为明显，人工智能软件嵌入办公自动

---

① 人工智能简明知识读本编写组. 人工智能简明知识读本［M］. 北京：新华出版社，2017.

② 罗兰·贝格管理咨询公司. 人工智能驱动型企业［R/OL］. (2018 – 06 – 29). http://www. rolandberger. com/zh/Publications/人工智能驱动型企业. html.

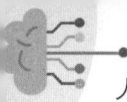

化，可以运用 Windows 等一般的应用程序进行控制，为员工提供复制粘贴或数据输入等实时辅助服务。这种看似微不足道的小事对提升工作效率、防止员工流失等意义重大，因此这部分工作受人工智能的影响是很大的。

总之，不管身处何种行业或企业，在未来的工作场景中，人工智能也许将无处不在，人机协同将成为工作日常。要想胜任岗位，除了具备必要的专业知识和技能，以及人际沟通技能之外，培养人机协作的能力将是人力资源开发的新课题。

三、微观层面的影响和挑战：家庭教育与个体学习发展

微观层面主要从人工智能对作为人力资源开发主体的家庭和个体的影响来分析。

（一）对家庭教育的挑战

家庭是人力资源开发的主体之一。家庭教育是孩子成长的起点，家庭教育的水平和质量在很大程度上决定了孩子的性格、习惯、价值观、自我认知和行为方式，而这些恰恰就是人力资源能力素质冰山模型的水下部分。在未成年阶段，除了国家法定的义务教育之外，孩子的学习规划特别是学校教育之外的学习主要是由家庭来主导的，这些学习显然就是一种家庭主导的人力资本投资活动，属于潜在人力资源群体的开发活动范畴。

根据诺贝尔经济学奖获得者加里·贝克尔的研究，孩子之间的差距会随着年龄的增长和受教育程度的提高而增大，因为良好的早期教育将使孩子今后的学习变得更加容易，即使是家庭对孩子早期教育的细微差别也会导致后期不断扩大的差距。

在中国，经济社会的快速发展给绝大部分群体带来了物质层面福祉的极大改善，但精神层面的压力也几乎覆盖到了所有群体。其中孩子的教育问题几乎是所有家长都极为关心乃至焦虑的问题。"不能让孩子输在起跑线上"成了很多家长的心结。教育资源特别是优质教育资源的不均衡使得应试教育大行其道，素质教育的深入推进举步维艰。家庭人力资本投资大量投入课后补习班中，除了小幼阶段会参加一些兴趣班之外，到了义务教育阶段和高中教育阶段，以提高分数为目标的补习班就成了家庭人力资本投资的主战场。到了中考和高考阶段，上普通高中和普通高等院校是大多数家庭的首选，中职和高职等职业院校通常是无奈的选择。

伴随人工智能时代的到来，家庭作为人力资源开发的主体之一，会面临哪些新

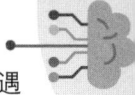

的挑战呢？

一是人工智能可能会加剧不同家庭间的数字鸿沟，从而影响孩子的教育公平。数字鸿沟的概念最早源自未来学家托夫勒于 1990 年出版的《权力的转移》一书，该书提出了信息富人、信息穷人、信息沟壑和数字鸿沟等概念，认为数字鸿沟是信息和电子技术方面的鸿沟，信息和电子技术造成了发达国家与欠发达国家之间的分化。① 数字鸿沟现象存在于国与国、地区与地区、产业与产业、社会阶层与社会阶层之间，已经渗透到人们的经济、政治和社会生活当中，成为在信息时代突出的社会问题。有学者提出，在中国，数字鸿沟造成的差别正在成为中国继城乡差别、工农差别、脑体差别"三大差别"之后的"第四大差别"，其本身已不仅仅是一个技术问题，而正在成为一个社会问题。以人工智能为代表的新一代信息技术的应用显然会加剧已经存在的数字鸿沟。在中国，发展的不均衡、不充分使得不同阶层家庭的数字素养存在较大差别，这种差别既体现在投资观念上，也体现在投资能力上。前文也曾述及人工智能应用在宏观层面会带来收入分配上的不公平，从而影响包括家庭主体在内的人力资源开发主体人力资本投资的力度。

二是人工智能时代对人的能力素质要求的提高会给家庭教育投资理念带来新的冲击。如果说之前素质教育更多地关注摆脱应试教育、高分低能的束缚，向联合国教科文组织倡导的"学会做人、学会做事、学会共处、学会求知"的方向努力，那么在人工智能时代，面对智能机器的挑战，人类所独具的软技能的培养，以及人机协作能力的培养，就显得尤为重要，因为我们不仅仅要面对人和人之间的竞争与合作，还要面对来自智能机器的竞争与协作。家庭的人力资本投资除了需要进一步加强家庭教育本身之外，家庭教育投资应该更关注如何提升孩子的软技能，而非仅仅关注知识性内容的培养和考试分数的提高。曾有职场人士在总结自己的职场发展经验时认为"修养是一张无往不利的名片"，主要针对的就是个人发展中如何处理人与人之间关系的问题，一个人的修养是影响其人际关系的重要因素，而这种修养的养成在很大程度上取决于家庭教育。

（二）对个体学习发展的挑战

有人说，"学习是反人性的"，这一观点显然偏颇了。如果我们仔细观察孩子的

---

① 　https://baike.baidu.com/item/数字鸿沟/1717125?fr = aladdin.

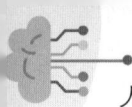

成长就会发现，求知欲是孩子的天性之一。之所以学习一开始被视为"反人性"的活动，那显然是因为教育本身出了问题。当学习成为标准化、流水线式、功利性的活动，学习的内容不是学习者所喜欢的，学习方式是枯燥无味的，评价方式是"简单粗暴"的，那么求知欲就会逐渐消退，学习就会开始变得"反人性"了。人工智能在教育领域的应用为个性化学习带来了新希望，但首先还得面对人工智能的发展和应用可能会给个体学习发展带来的影响：

一是就业。前文曾经从宏观层面分析过人工智能对就业的影响，而在个体层面，这种影响将是更为实际和直接的。提升抗机器替代能力将是个体学习发展中必须直面的问题。

二是人机共生、人机协作。如果不是被替代，那么更可能的工作场景就是人机协作来完成工作，个体必须具备更好地操作智能设备或者与智能机器协作共同完成工作任务的能力素养，技术素养、数据素养、数字技能等将是未来职场不可或缺的基本技能。

三是保持人类所擅长的思维和能力。人工智能具有人类无法比拟的一些能力，在这些能力领域，人类一旦被超越，差距只会越来越大；但在很多能力领域，智能机器很难取得突破进而超越人类。因此，作为人类个体，要想与智能机器竞争或协作，必须发挥自身的比较优势，这也将是个体学习发展的主攻方向。还有一点前文也曾述及，对计算机、自动化等技术的依赖已经给人类个体的思维和能力带来了负面影响，在人工智能时代，我们一方面要利用人工智能来提高学习的效率，另一方面同样要警惕对人工智能的过度依赖。

四、人工智能为实现全面人力资源开发带来新机遇

人工智能给人力资源开发带来了上述多层面的挑战，但与此同时，人工智能技术和产品应用也为解决人力资源开发中存在的问题和难点带来了机遇，有望推动全面人力资源开发从理念逐步变为现实。下文以个体层面的学习成长、学校层面的教育管理和政府层面的区域人力资源开发管理为例来展望人工智能可能会给全面人力资源开发带来的机遇。

（一）微观层面：人工智能将会推动因材施教和个性化学习的实现

孔子因材施教的理想和实践一直为后人津津乐道，现代学校教育的诞生让更多

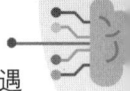

的学子得以接受教育，但为了提高人才输出的效率，学生需要到固定的场所（校园），加入一个由知识程度相仿的同龄人组成的班级，学习同一门课程，接受同一位老师按统一的标准和进度开展的班级制的教学活动。那么问题来了，虽是同一个班级的同学，但他们的个性各异，学习动机、兴趣、能力特点特别是对学习内容的接受程度是不同的。结果可想而知：总有一部分同学处于要么"吃不饱"、要么"跟不上"的状态，整体的人才培养质量特别是部分个体的成长必然受到影响。那么，为什么现代学校教育做不到因材施教和个性化教育呢？答案似乎很简单：成本太高了！但随着教育信息技术的不断成熟，特别是未来教育人工智能技术的应用，又将使因材施教成为可能。

微软亚洲研究院院长洪小文表示，"教育是 AI 技术应用的一大领域，技术到底要如何帮助教育，是我们一直在思考的。AI 技术不是要取代老师，而是要帮助老师实现更加个性化、定制化的教学，减少因材施教的成本"。他认为，每个人学习的处境和内容不同，所以我们不仅要因材施教，还要因时、因地施教。"比如你去巴黎玩，那么就需要把适合巴黎的地方知识教给你。但事实上，个性化教育太贵了，也很难推广，所以我们在推进用技术做到这一点，让机器能跟人配合，达到因材施教的目标。"①

未来的技术发展一定可以做到为每个学生进行学习画像。通过画像，可以知道学生现在最大的困难和优势是什么，及其应该向什么方向发展，这能使学生的才能得以发展、学生的不足得以及时改善，从而为学生制订个性化的教育方案，而且这个教育方案还能够随着大数据的进一步充实而不断得到修正。

个性化教学资源建设是个性化教学的重要组成部分。个性化教学实施的前提是对学习者进行建模和知识表征，这就需要对学习者的认知水平、兴趣爱好和学习能力进行精准描绘。在人工智能技术发展成熟以前，上述内容的提取和建模不太理想，因而个性化学习资源和个性化学习方案一直难以真正实现。随着物联网、云计算、大数据分析技术的不断成熟，基于上述智能技术进行的学习者行为精准数据挖掘，为个性化教学资源建设提供了关键技术支撑。

学生在学习过程中的海量语音、文本、图片、日志等数据经情感计算、模式识别、深度学习等人工智能挖掘和推理表征后，就可以完成对学习者画像的精准描

---

① 人工智能简明知识读本编写组. 人工智能简明知识读本［M］. 北京：新华出版社，2017.

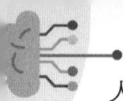

绘，通过与各类学习资源的匹配，可自动生成个性化学习资源推送给学习者。①

（二）中观层面：人工智能将会推动学校管理的智能化

传统的学校管理通常是以政府主管部门的宏观管理和校方管理层的微观管理为主导的单向度管理，来自教师、学生、企业、社会的参与度是比较低的，管理的科学化、民主化、透明化、精细化程度受到了一定的制约。而以互联网、大数据为代表的新一代信息技术，特别是人工智能技术的不断成熟应用，将给学校管理带来深刻影响，有望推动学校管理发生以下变化：

（1）从目前的以单向管理为主向多元协同治理转变。教育始终是社会各界高度关注的领域，各利益相关者对教育质量改善的要求越来越高，而在互联网、大数据和人工智能时代，学校的内部管理将会越来越透明，这要求学校管理的主体必须走向多元化，逐步实现从单向度的管理走向政府、学校、教师、学生、用人需求方和其他社会力量共同参与的多元协同治理。

（2）从被动响应向主动服务转变。在数据和信息不充分的情况下，管理通常是被动响应和事后控制，但在信息化和智能化程度不断提升的背景下，学校管理将逐渐走向主动服务，实现事前干预和控制。

（3）从以定性管理为主向以定量管理为主转变。在大数据和人工智能算法的助力下，学校管理的定量化程度将会大幅提升，实现管理有度、决策有据。

（4）从粗放式共性管理向精准化个性管理转变。以学习者为中心、因材施教是学校管理的理想境界。但受制于班级规模、师资力量、管理成本等诸多限制，粗放式、标准化、共性的管理"一刀切"现象普遍存在。随着人工智能时代的到来，学校管理有望走向精准化的个性管理，既包括对学生的精准管理和服务，又包括对教职员工的精准管理和服务。

（5）从以人工管理为主向以人机协同管理为主转变。随着信息技术在学校管理中的应用，大部分学校已迈过了单纯依靠人力和手工管理的阶段，逐步实现了管理的信息化。在人工智能时代，学校管理将进一步迈向人机协同管理的智能化阶段。

---

① 杨现民，张昊，郭利明，等. 教育人工智能的发展难题与突破路径［J］. 现代远程教育研究，2018（3）.

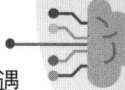

（三）宏观层面：人工智能将会推动区域人力资源开发的协同全面发展

区域人力资源开发从形式上涵盖正规教育、企业培训开发、卫生保健、人力资源合理流动等多个方面，需要政府、教育机构、用人单位、家庭和个体等人力资源开发主体之间的有机协同。在传统的人力资源开发环境中，各种开发形式之间、各种开发主体之间是相对独立运转的，所产生的数据既是静态的又是相互独立的，这给政府宏观层面的开发决策和日常管理的科学性、有效性带来了困扰，实现全面人力资源开发的技术条件和数据支撑是不足的。

随着互联网、大数据、云计算和人工智能技术的不断成熟，如果能打通教育机构、企业、人力资源市场和政府有关部门之间的数据壁垒，则有望实现个体层面的终身学习轨迹和学习档案的数字化、智能化管理，实现多种区域人力资源开发形式特别是政府人力资本投资决策的科学化和动态化管理优化，实现各开发主体具备在各自领域主导相应开发工作的专业化水平，并实现在接口部分的有机衔接。

第五章

深圳人力资源开发的基础、
现状与问题

▷ ► ▷ ► ► ▷

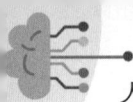

一、人口基础：数量型人口红利依然存在，人口质量较其他一线城市有差距

人口的数量、质量与结构是支撑和制约区域人力资源开发的基础性因素。本章以深圳第六次全国人口普查（以下简称"六普"）①、2015 年全国 1% 人口抽样调查（以下简称"2015 年 1% 抽样"）② 和《中国统计年鉴（2019）》③ 有关数据为主要依据，简单梳理深圳多口径人口规模、人口结构、人口质量的发展变化与现状。

（一）管理服务人口超过 2 100 万人、常住人口超过 1 300 万人的超大城市

根据"六普"数据、《深圳统计年鉴（2019）》和深圳市 2019 年国民经济与社会发展统计公报等公开数据，从建市到 2018 年的 39 年间，深圳常住人口从 31.41 万人增至 1 343.88 万人，增加了 1 312.47 万人，年平均增长率超过 10%。2017 年，深圳管理服务人口达到了 2 110.14 万人（见图 5-1）。按照国务院关于城市规模新的划分标准，深圳已成为一座名副其实的超大城市。

（二）就业人口规模已超 943 万人，劳动参与率远高于全国平均水平

在"六普"数据中，与就业人口相关的几个统计口径有：16 周岁及以上人口、经济活动人口、就业人口。三者是包含关系，16 周岁及以上人口分为经济活动人口和非经济活动人口；经济活动人口又分为就业人口和失业人口。

自建市以来，深圳的就业人口规模不断扩大，2017 年的就业人口总量已达943.29 万人。图 5-2 给出了深圳市自建市至 2017 年年末常住人口和就业人口规模的变动情况。在经历了早期的快速增长之后，"十一五"和"十二五"期间两者的年均增长速度都放缓至 5% 以内。深圳自建市以来的 GDP 年均增长速度为 22.4%，

---

① 深圳市统计局. 深圳市 2010 年人口普查资料 [M]. 北京：中国统计出版社，2012.

② 深圳市统计局. 深圳市 2015 年全国 1% 人口抽样调查主要数据公报 [EB/OL]. http://www.sztj.gov.cn/xxgk/tjsj/tjgb/.

③ 中华人民共和国国家统计局. 中国统计年鉴：2019 [M]. 北京：中国统计出版社，2019.

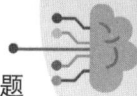

远高于就业人口 13.5% 的增速。其中，"十一五"和"十二五"期间的 GDP 年均增长速度分别为 13.2% 和 9.7%，而同期就业人口增速已分别降至 4.1% 和 3.8%，表明伴随深圳产业的转型升级，就业人口的平均劳动生产效率在不断提升。

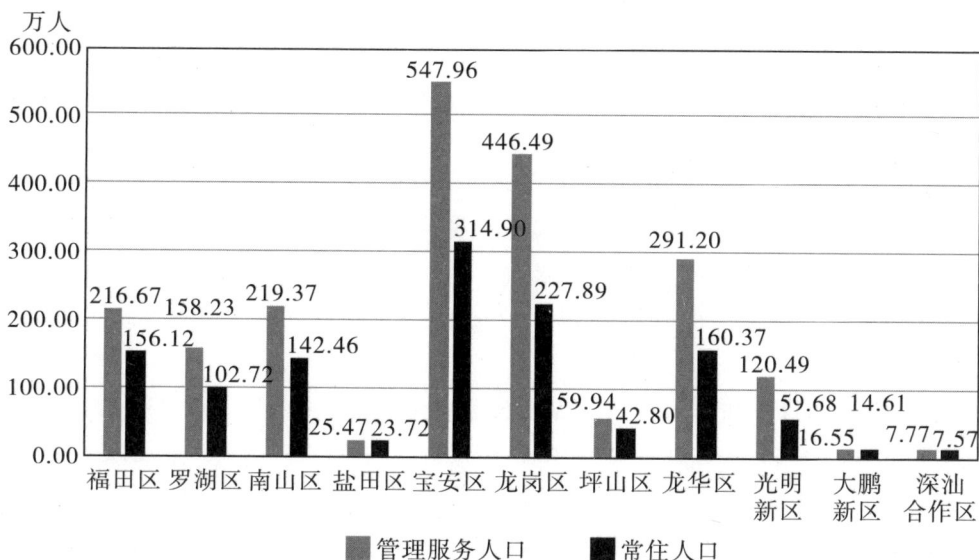

图 5-1　深圳市各区 2017 年管理服务人口和常住人口规模

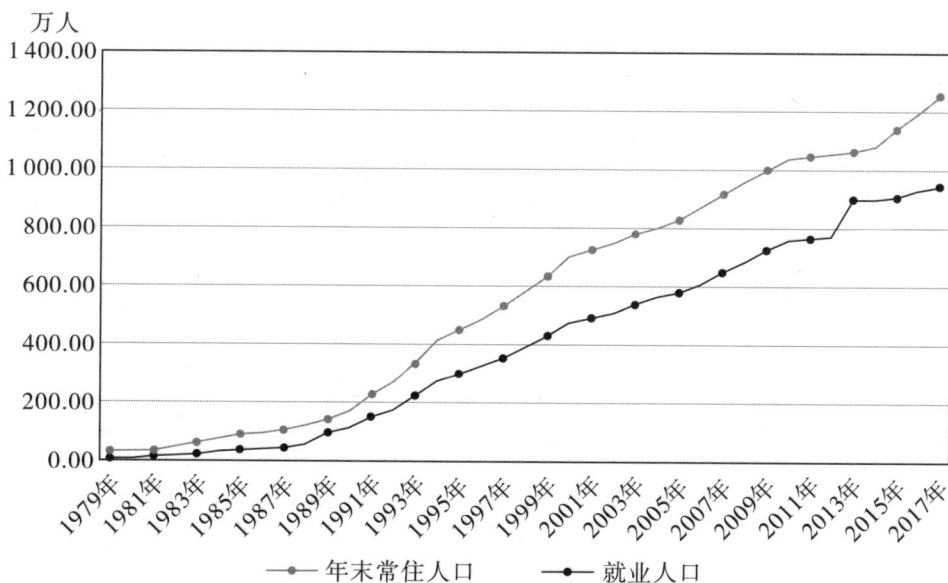

图 5-2　深圳市年末常住人口和就业人口规模变化（1979—2017 年）

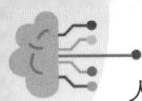

就业人口占年末常住人口的比重在 1988 年以前均在 45% 以下；1989 年后，这一数据均在 65% 以上；近年来基本稳定在 70% 以上，结合近 85% 的劳动参与率（全国 2017 年 15 岁以上劳动力的劳动参与率为 68.93%）等数据可知，深圳人口参与经济活动的程度和劳动力资源利用率都比较高，深圳是一个工作型城市。

（三）劳动适龄人口比例维持在较高水平，数量型人口红利仍然充裕

在"六普"时点，深圳市常住人口中，0～14 岁人口为 101.88 万人，占 9.84%；15～64 岁人口为 915.64 万人，占 88.40%；65 岁及以上人口为 18.28 万人，占 1.76%。同 2000 年"五普"相比，0～14 岁人口的比重上升 1.34 个百分点，15～64 岁人口的比重下降 1.99 个百分点，65 岁及以上人口的比重上升 0.65 个百分点。

在"2015 年 1% 抽样"时点，深圳市常住人口中，0～14 岁人口为 152.53 万人，占 13.40%；15～64 岁人口为 946.99 万人，占 83.23%；65 岁及以上人口为 38.37 万人，占 3.37%。与 2010 年"六普"相比，0～14 岁人口的比重上升 3.56 个百分点，15～64 岁人口的比重下降 5.17 个百分点，65 岁及以上人口的比重上升 1.61 个百分点。

图 5-3 给出了"四普""五普""六普""2015 年 1% 抽样"时点深圳市常住人口主要年龄段人口结构变动情况。

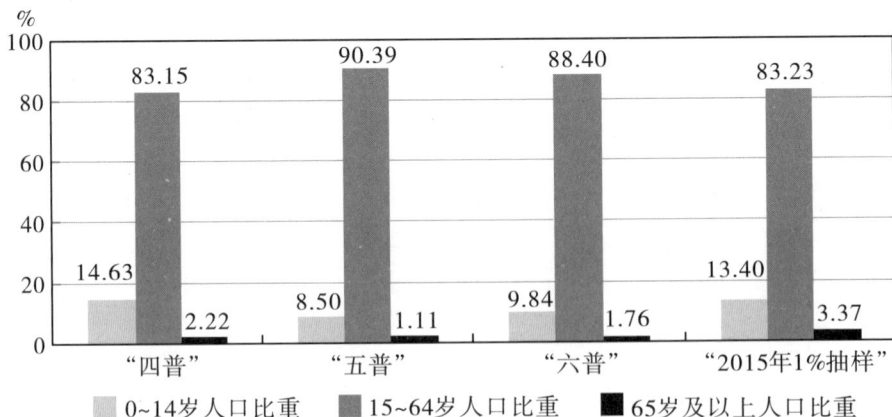

图 5-3　深圳市常住人口年龄结构变动情况

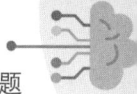

（四）就业人口中的青壮年劳动力占 2/3 以上，深圳职场依然呈现"年轻态"

自改革开放以来，深圳一直是就业人口结构存在优势，对人才吸引力较强的城市。从就业人口年增长速度看，从"五普"到"六普"的 10 年间，深圳就业人口的增长速度远高于全国平均水平 6.4%，达到 48.47%，也远高于深圳常住人口的自然增长速度，说明深圳对就业人口始终保持着一定的吸引力。

图 5-4 给出了基于"2015 年 1% 抽样"数据的 16 岁及以上就业人口的年龄构成，其中，20~39 岁年龄段的青壮年劳动力占到就业总人口的 2/3，表明深圳目前还是一个"年轻的工作型城市"。

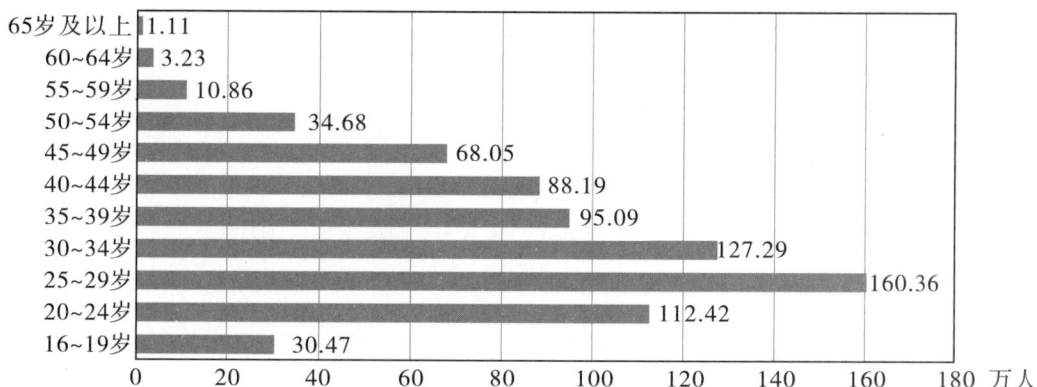

图 5-4　深圳市主要年龄段就业人口数量分布（"2015 年 1% 抽样"）

（五）受教育程度不断提高，高等教育人口占比 15 年间增长 4 倍多

在"六普"时点，深圳市常住人口中，具有大专及以上受教育程度的人口为 177.90 万人；具有高中（含中专）教育程度的人口为 248.23 万人；具有初中教育程度的人口为 456.27 万人；具有小学教育程度的人口为 92.01 万人。

在"2015 年 1% 抽样"时点，深圳市 6 岁及以上常住人口中，具有大学（大专及以上）教育程度的人口为 257.93 万人；具有高中（含中专）教育程度的人口为 287.76 万人；具有初中教育程度的人口为 378.53 万人；具有小学教育程度的人口为 130.24 万人（以上各种受教育程度人口包括各类学校的毕业生、肄业生和在校生）。

同 2010 年"六普"相比，每 10 万人中具有大学（大专及以上）教育程度的人口由 17 644 人上升为 22 668 人；具有高中（含中专）教育程度的人口由 23 903 人上升为 25 289 人；具有初中教育程度的人口由 44 088 人下降为 33 266 人；具有小学教育程度的人口由 8 905 人上升为 11 446 人。图 5 - 5 给出了"四普""五普""六普"和"2015 年 1% 抽样"时点深圳市常住人口每 10 万人中不同受教育程度的人数。

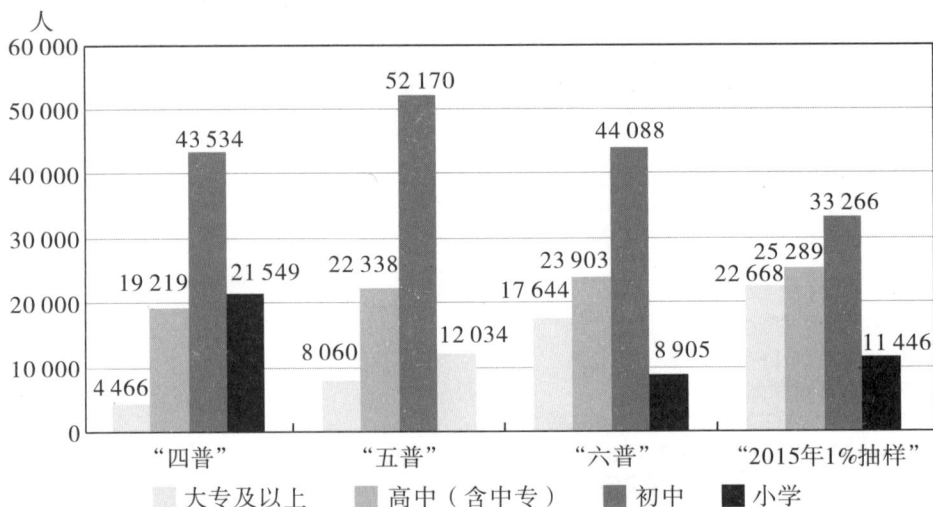

图 5 - 5　深圳市常住人口每 10 万人中不同受教育程度人数

可以看出，从 2000 年"四普"到"2015 年 1% 抽样"，15 年间，深圳市常住人口中受过高等教育的人口占比从 4.47% 增至 22.67%，人口质量得到了显著改善。

（六）"北上广深"四城市的人口年龄结构和老龄化程度比较

根据"六普"数据统计测算，深圳市人口平均年龄为 30 岁左右，其中 15 ～ 64 岁人口占总人口的 88.40%，比上海市的 81.25% 高出 7.15 个百分点，比北京市的 82.70% 高出 5.7 个百分点，比广州市的 81.91% 高出 6.49 个百分点。四城市中，65 岁及以上人口，上海市比例最高，达到 10.12%，北京市次之，为 8.70%，按照 65 岁及以上人口占总人口 7% 以上即进入老龄化社会这一标准，上海市和北京市均已进入老龄化社会，广州市则逼近老龄化社会的下限，为 6.62%，而深圳市是老龄化程度最低的城市，为 1.76%。图 5 - 6 给出了"六普"时点四城市常住人口年龄构成对比情况。

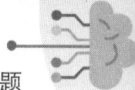

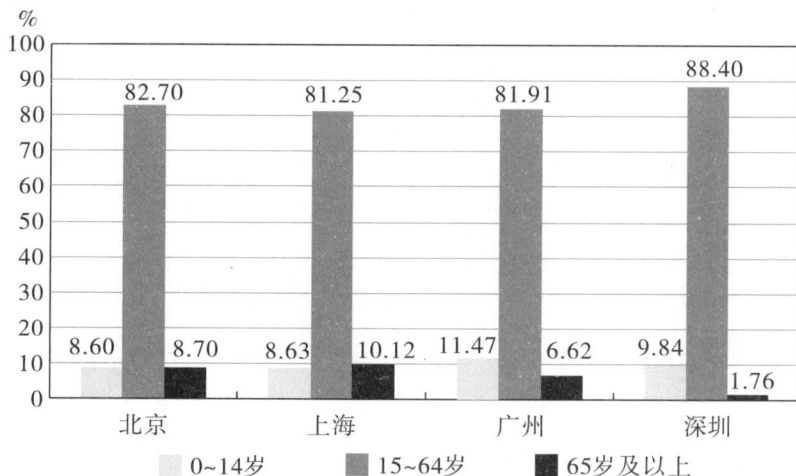

图 5-6　四城市常住人口年龄构成对比（"六普"）

　　图 5-7 给出了四城市"2015 年 1% 抽样"时点的人口抚养比（其中老年抚养比按 60 岁及以上口径统计）对比情况，图 5-8 给出了四城市 2017 年老龄化率（按 65 岁及以上口径统计）对比情况。可以看出，四个城市的老龄化程度都在不断加深。"2015 年 1% 抽样"数据显示，上海的总抚养比已突破 40%，达到 41.23%；北京次之，达到 34.59%；广州为 33.86%；深圳最低，为 23.55%。可见，这四个一线城市中，除深圳外，其他三个城市均已进入老龄化社会。

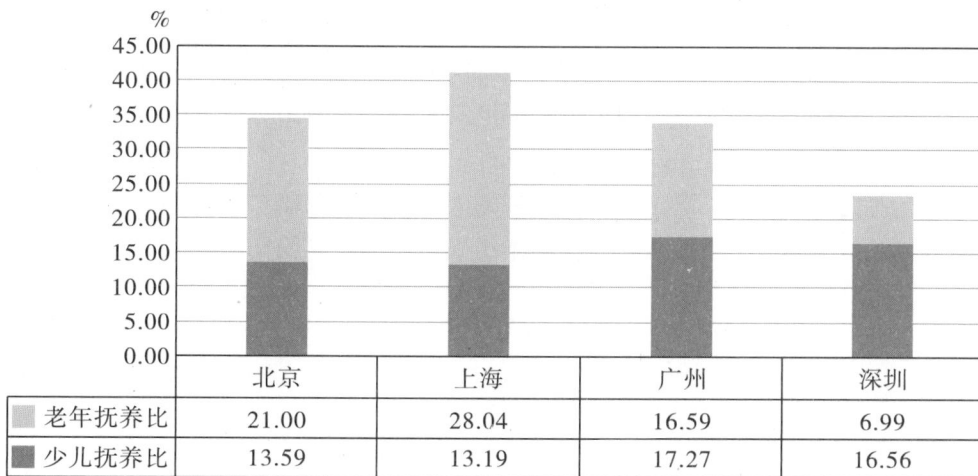

	北京	上海	广州	深圳
老年抚养比	21.00	28.04	16.59	6.99
少儿抚养比	13.59	13.19	17.27	16.56

图 5-7　四城市人口抚养比对比（"2015 年 1% 抽样"）

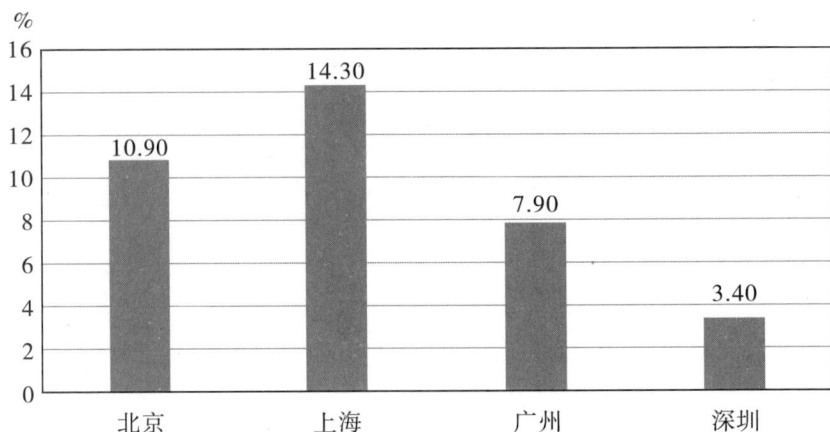

图5-8 四城市2017年老龄化率对比

（七）"北上广深"四城市常住人口受教育程度比较

"六普"数据显示，以每10万人受教育程度衡量人口质量，四城市中，北京市的情况最好，具有大学（大专及以上）教育程度的人口达到31 499人；上海次之，为21 952人；广州居第三，为19 228人；深圳最低，为17 175人，仅为北京的54.53%。而初中及以下教育程度的人口所占比重，深圳最高，达到56%，主要原因有二：一是深圳高校数量太少，在校大学生人数比老牌的教育强市少得多；二是深圳的产业结构中，高端产业和低端产业并存，外来人口以初、高中文化程度为主。图5-9给出了在"六普"时点四城市常住人口每10万人受教育程度构成对比情况。图5-10给出了在"2015年1%抽样"时点四城市6岁以上常住人口受教育程度构成对比情况。可以看出，此时深圳的人口质量情况较"六普"时点有了进一步的改善，但与其他三个城市相比，高学历人口比例明显偏低。

人	北京	上海	广州	深圳
大专及以上	31 499	21 952	19 228	17 175
高中（含中专）	21 220	20 966	22 923	23 965
初中	31 396	36 461	36 127	44 050
小学	9 956	13 535	15 724	8 905

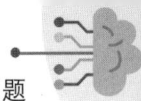

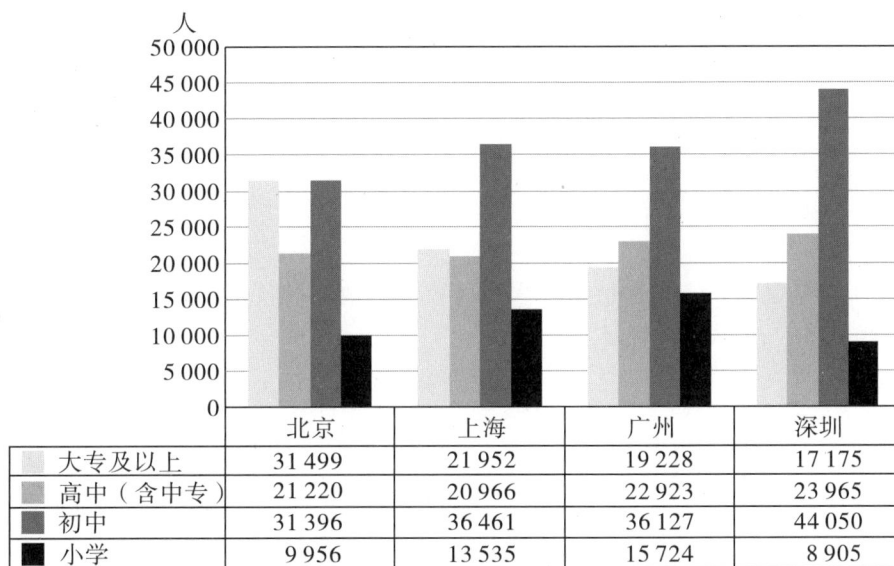

图 5 – 9　四城市常住人口每 10 万人受教育程度构成对比（"六普"）

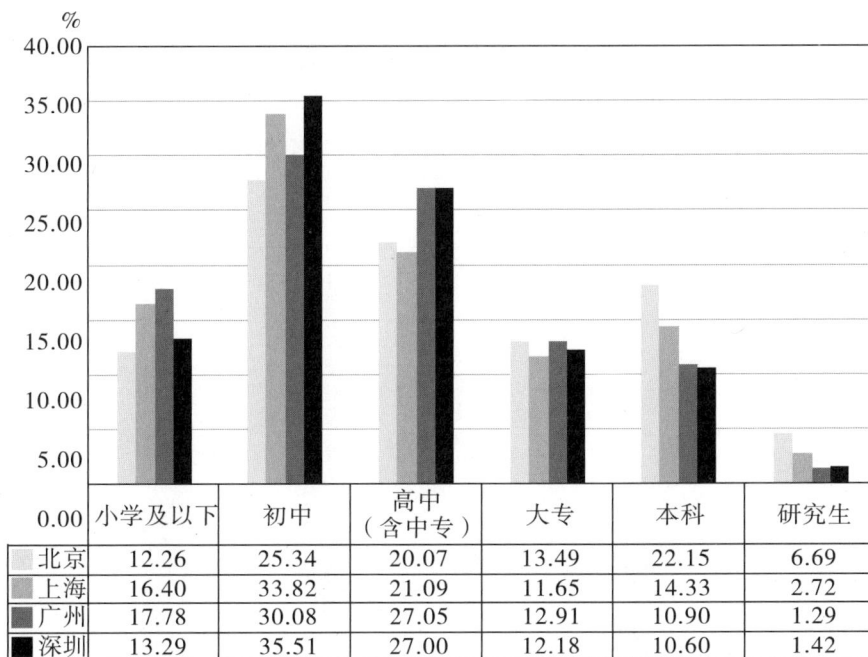

%	小学及以下	初中	高中（含中专）	大专	本科	研究生
北京	12.26	25.34	20.07	13.49	22.15	6.69
上海	16.40	33.82	21.09	11.65	14.33	2.72
广州	17.78	30.08	27.05	12.91	10.90	1.29
深圳	13.29	35.51	27.00	12.18	10.60	1.42

图 5 – 10　四城市 6 岁以上常住人口受教育程度构成对比（"2015 年 1% 抽样"）

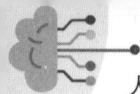

(八)"北上广深"四城市人均指标比较

根据"北上广深"四个城市发布的 2018 年统计年鉴的数据梳理和测算，图 5 - 11 给出了四城市 2017 年人均 GDP 的数据比较，图 5 - 12 给出了四城市 2017 年社会劳动生产率的数据比较。

人均 GDP 是衡量一个地区常住人口口径生产效率和价值创造能力的关键指标，在这一指标上，深圳位居前列。

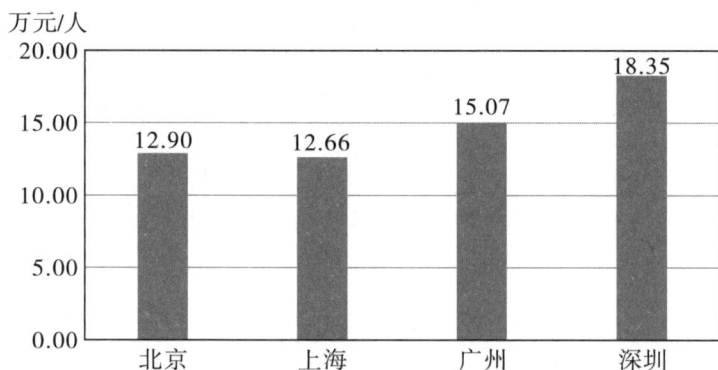

图 5 - 11　四城市 2017 年人均 GDP 对比

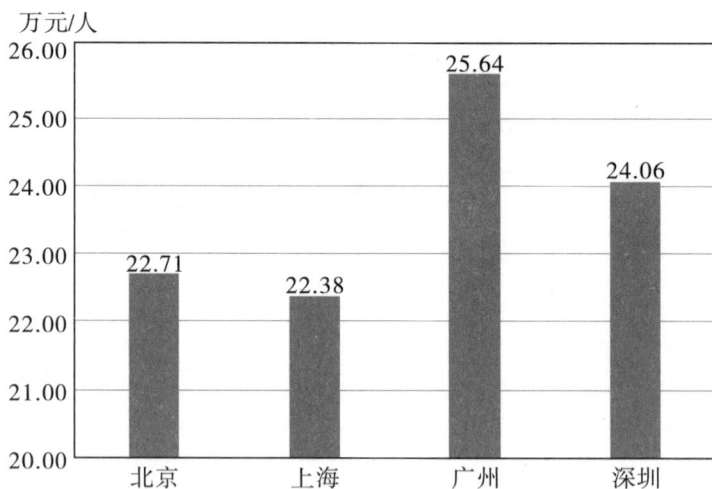

图 5 - 12　四城市 2017 年社会劳动生产率对比

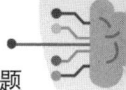

社会劳动生产率是将本地区 GDP 与从业人员人数相除的比值，是反映就业人口口径产出效率的重要指标。社会劳动生产率的提高，反映了劳动力要素的产出效率在不断提高。资本投入、科技进步、劳动者素质提升、产业结构调整等都会促进社会劳动生产率的提高。在这一指标上，广州以 25.64 万元/人位居第一，深圳以 24.06 万元/人位居第二。

（九）深圳人口状况整体分析

1. 从人口年龄结构看，深圳尚处于旺盛的人口红利期

根据"六普"数据，深圳常住人口中，0～14 岁人口占 9.84%，15～64 岁人口占 88.40%，65 岁及以上人口占 1.76%。深圳人口抚养比为 13.10%，即平均将近 8 个劳动人口抚养 1 个非劳动人口，远低于全国总人口抚养比水平 34.30%，也低于上海 23.10% 和北京 21.00%。

根据"2015 年 1% 抽样"数据，深圳 15～64 岁人口仍占全国总人口的 83.23%，65 岁及以上人口仅占 3.37%。

综上，从年龄结构和人口负担看，深圳是中国一线城市中社会负担最轻、年龄结构最佳的一个城市，尚处于旺盛的人口红利期。

2. 未来 10 年左右，深圳将快速进入老龄化社会，人口红利趋于消失

上述指标在未来 5～10 年内将出现一个明显变化，按现行退休年龄测算，到 2020 年（即"七普"时点），将有超过 20 万女性劳动力达到退休年龄，男性的人数是 18 万，深圳离退休人员将突破 55 万人，参保人数与离退休人数之比将会快速降至 15 以下，届时全市 60 岁及以上人口占常住人口的比例将在 5% 以上（"2015 年 1% 抽样"数据显示为 5.66%），到 2025 年前后，这一比例将突破 10%，到 2030 年前后，这一比例将逼近 20%，深圳将快速进入人口老龄化阶段。

3. 在人口质量指标方面，深圳较其他一线城市有一定差距

在"六普"时点，与北京、上海、天津、广州等国内同等城市相比，深圳的人口质量指标，特别是在高端人口和受教育程度方面，存在明显短板。具体来看，在按职业大类统计的就业结构指标上，深圳就业人口中，专业技术人员仅占 10.10%，不及北京 24.1% 的一半，也远低于上海 18.20% 和天津 19.50%；在受教育程度方面，深圳就业人口平均受教育年限为 10.93 年，高于广东省平均水平 9.79 年，也

略高于广州 10.89 年，但低于北京 12.19 年，也低于上海 11.26 年；常住人口每 10 万人中，深圳大专及以上学历人口比重为 17.2%，远低于北京 31.50%，也低于上海 22.00% 和广州 19.20%。

在"2015 年 1% 抽样"时点，深圳的人口质量指标得到了进一步改善，其中受过高等教育的人口占比达到 24.20%，但依然低于北京和上海的相应指标，特别是本科及以上学历人口比例，仅为北京同期数据的 42%。

综合对比来看，深圳目前的人口状况除数量型人口红利优势之外，其他方面整体处于劣势，特别是在高端人口、受教育程度方面差距明显。①

二、学校教育：在校生规模达到 232 万人，教育投入不断加大

教育是人力资源开发最基本的手段和形式。深圳的教育一直是在矛盾和争议中不断发展的。之所以有矛盾和争议，在很大程度上源于公众对作为公共产品（公办学校）的教育规模和水平与深圳经济发展的速度和水平之间存在落差感到不满。客观来讲，深圳的教育发展还是可圈可点的。以高等教育为例，当城市的管理者达成了"一流的城市必须要有一流的高等教育"的共识之后，深圳的高等教育在经历了早期的严重不足和"借船出海"之后，开始重金投入，大力发展，目前已经形成了较为完整的类型、层次结构，截至 2020 年，共有高校 15 个，在校学生 16.93 万人，基本实现了跨越式发展。在职业教育方面，深圳的高等职业教育水平和中等职业教育水平在全国处于领先地位。深圳的高中教育水平在全省也处于领先地位，但问题出在普通高中特别是公办高中学位严重不足上。从初中毕业生升读公办普通高中的比例看，2018 年的录取率仅约 47%，2019 年不到 45%，2020 年则更低。据统计，2018 年深圳高一新生为 7 万多人（含职高），但初一新生超过 10 万人，小一新生达 20 万人，幼儿园在园总人数更是多达 51 万人。随着"二孩"政策和异地高考改革政策的逐步实施，未来深圳学龄人口将大幅增加，学位压力将从小学逐步向初中、高中传递。

图 5-13 给出了 2008—2018 年深圳市各级各类学校在校生规模变化情况。图 5-14 给出了 2003—2018 年深圳市各级各类学校毕业生规模变化情况。②

---

① 李亚军，等. 深圳"十三五"期间人力资源开发策略问题研究：基于人口发展变化的视角［R］. 内部资料. 2019.

② 根据深圳市教育局网站发布的有关数据整理而成。

	2008年	2009年	2010年	2011年	2012年	2013年	2014年	2015年	2016年	2017年	2018年
◆普通高校在校生	6.56	6.70	6.73	7.00	7.56	8.24	8.77	9.05	9.19	9.67	10.38
■中等职业学校在校生	2.77	2.86	2.97	2.93	3.21	3.36	3.69	3.81	3.97	3.92	3.89
▲普通中学在校生	29.89	31.60	33.48	34.69	35.96	37.17	37.87	38.52	39.65	41.76	44.80
✕小学在校生	58.59	58.95	61.85	65.13	68.31	73.02	79.32	86.48	91.10	96.45	102.80
✳幼儿园在校生	19.12	22.12	26.09	28.51	31.69	36.89	39.90	43.85	46.33	50.50	52.42

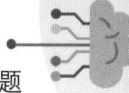

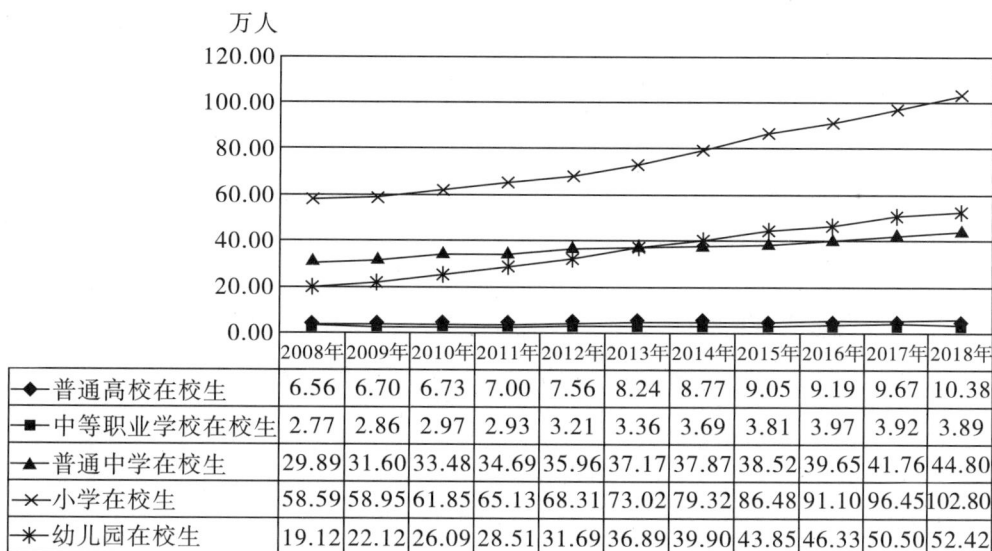

图 5 - 13 深圳市各级各类学校在校生规模变化情况（2008—2018 年）

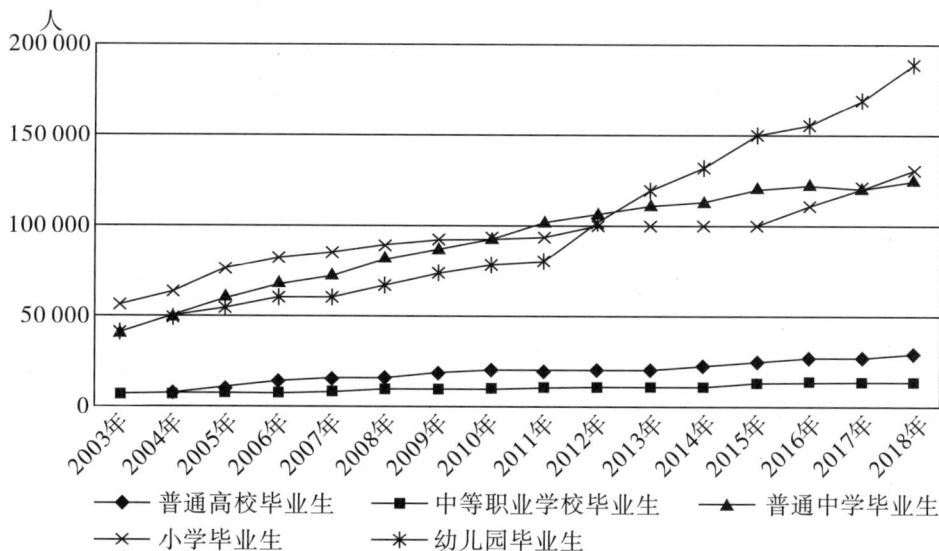

图 5 - 14 深圳市各级各类学校毕业生规模变化情况（2003—2018 年）

　　站在人力资源开发的角度，教育投资的规模和占比是反映教育发展最有说服力的指标。图 5 - 15、图 5 - 16 分别给出了 2010—2018 年深圳市政府在教育、社会保障与就业以及医疗卫生领域的财政投入情况。可以看出，深圳教育投资的力度在不

断加大，教育支出从 2010 年的 152.50 亿元增加到 2018 年的 584.51 亿元，同期的
教育支出在公共预算财政支出中的比重也从 12.04% 增加到 13.65%。①

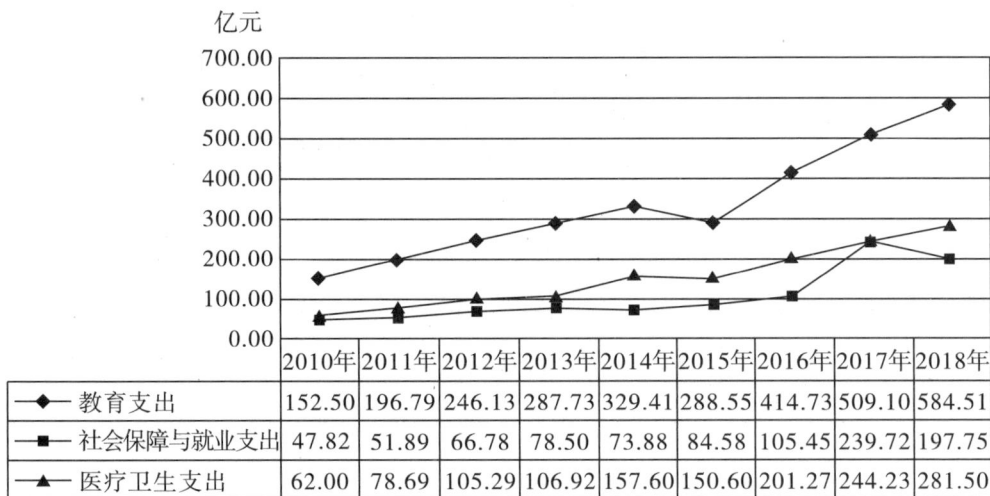

	2010年	2011年	2012年	2013年	2014年	2015年	2016年	2017年	2018年
◆ 教育支出	152.50	196.79	246.13	287.73	329.41	288.55	414.73	509.10	584.51
■ 社会保障与就业支出	47.82	51.89	66.78	78.50	73.88	84.58	105.45	239.72	197.75
▲ 医疗卫生支出	62.00	78.69	105.29	106.92	157.60	150.60	201.27	244.23	281.50

图 5-15　教育、社会保障与就业、医疗卫生支出额（2010—2018 年）

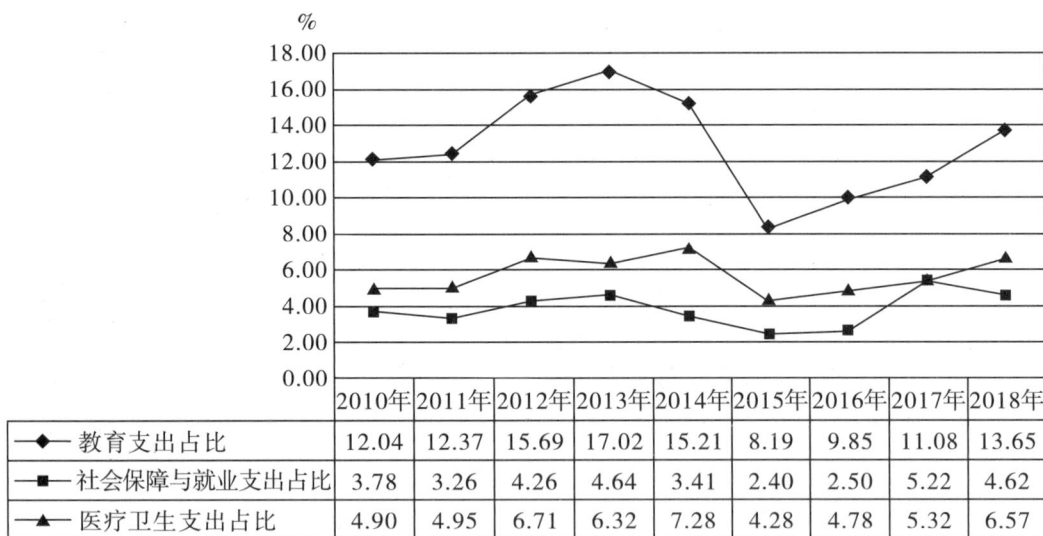

	2010年	2011年	2012年	2013年	2014年	2015年	2016年	2017年	2018年
◆ 教育支出占比	12.04	12.37	15.69	17.02	15.21	8.19	9.85	11.08	13.65
■ 社会保障与就业支出占比	3.78	3.26	4.26	4.64	3.41	2.40	2.50	5.22	4.62
▲ 医疗卫生支出占比	4.90	4.95	6.71	6.32	7.28	4.28	4.78	5.32	6.57

图 5-16　教育、社会保障与就业、医疗卫生支出占公共预算财政支出比重（2010—2018 年）

① 根据深圳市教育局、人力资源和社会保障局、深圳市卫生与健康委员会网站发布的有关数据整理而成。

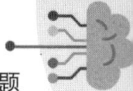

三、社会培训：技术技能人才总量将突破570万人，职业培训量有较大下滑

培训是人力资源开发特别是现实人力资源开发的基本途径。站在个体角度，在离开正规的教育体系之后，参加各种形式的培训是其人力资本不断增值以支撑其事业发展和个人成长的主要途径，是否积极参加培训是衡量学习型个体的基本指标；站在组织角度，是否主动、规范地开展员工培训与开发，是衡量学习型组织的基本指标，也是衡量组织是否履行社会责任和是否好雇主的重要指标；站在社会角度，社会培训机构的活跃程度以及公民培训参与度的高低是衡量学习型社会的基本指标。

（一）深圳本土化人才培养步伐明显加快

深圳是一个典型的移民型城市，长期以来，其经济社会发展所依赖的人力资源多为输入型的，既包括高层次的技术研发、管理等高学历人才，又包括数量庞大的支撑"深圳制造"和传统服务业的低学历人才。而国家层面劳动力无限供给状况的长期存在（珠三角地区普工工资曾长期在低位徘徊）以及深圳作为经济特区对人才的吸引力，使得深圳在人力资源的获取上形成的思维惯性是完全的实用主义思想——本土培养不是着力点，更注重从外部吸纳过来为我所用。所以，无论是政府层面还是用工企业层面，对包括技能人才在内的各层各类人才的自主培养不够重视。而伴随着中国人口结构的转变，劳动力市场发生了深刻的变化，劳动力无限供给向有限短缺的转变已成为不可逆转的趋势（从2012年开始，中国劳动适龄人口绝对数量开始下降），更重要的是，伴随着国内其他区域经济发展的进步，深圳的人才竞争优势不再明显。以技能人才为例，2003年前后，全国范围内的技能人才开始出现全面短缺，技能人才特别是高技能人才的就业选择余地明显增加，深圳外招高技能人才面临困境。以2000年为例，当年深圳劳动部门曾两次组织企业前往内地招聘高技能人才，结果几乎都是空手而归。因此，进入21世纪以来，深圳的人力资源开发已经从过度依赖外部输入向人才引进和自主培养并重转变。

根据《深圳市人力资源和社会保障事业发展"十三五"规划》，"十三五"期间，深圳要深入实施人才优先发展战略，大力培育本土创新人才，积极引进海内外高层次创新创业人才，确立人才竞争新优势。到2020年，引进海外高层次人才

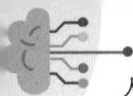

2 000 人，带动引进留学人员 20 000 人，新增认定国内高层次人才 1 500 人。全市技术技能人才总量要达到 577 万人，其中专业技术人才 181 万人、技能人才 396 万人。新增技能人才 110 万人，新增高技能人才 66 万人，高技能人才占技能人才总量的 35%。接收高校应届毕业生和引进市外在职人才 80 万人以上，全市人力资源服务机构数量超过 1 000 家。

（二）整体上职业培训和技能鉴定工作出现较大下滑情况

尽管本土化人才培养取得了较大进展，有力支撑了深圳的转型升级和快速发展，但人才培养的形势依然不容乐观。以技能人才为例，在全国范围内，技能人才的求人倍率（岗位空缺与求职人数之比）时有波动，但过去十几年间这一指标始终在 1 以上，表明技能人才短缺始终存在。

深圳市人力资源和社会发展统计报告的数据显示，深圳的职业培训和技能鉴定工作在 2013 年后出现了较大下滑情况。据业内人士分析，造成数据下滑的可能原因有四个方面：一是统计口径方面，人力资源和社会保障部门发布的数据不包含在教育局注册备案的培训机构的社会培训量；二是近年来国家清理行政许可类资格证书力度加大，导致相关的培训和鉴定量下滑；三是伴随着深圳产业的转型升级，一些传统职业、工种的培训和鉴定量下滑；四是深圳市积分入户政策调整，学历文凭门槛降低导致对技能证书需求的替代效应。

但无论何种原因，社会培训量出现如此大的下滑都是值得认真研究的一个问题。作为一种应对，深圳市于 2014 年出台《深圳市从业人员职业培训补贴办法》，对符合条件的社会培训机构和企业开展职业技能等级培训、专项职业能力培训、特种作业培训、岗前技能培训、岗位技能提升培训、职业技能竞赛、企业技能人才评价和政府协议项目培训等职业培训进行一定额度的补贴。2016 年，为鼓励和支持企业组织员工参加技能类外部培训或企业内部培训，深圳市又启动了职业技能培训券申领发放试点工作，年度总额度为 5 000 万元，标准为不超过 30 万元/家。

四、卫生保健：居民平均预期寿命超 81 岁，卫生保健投入保持快速增长势头

身体素质是衡量个体人力资源质量的基本指标，卫生保健事业发展状况是人力资源开发的支撑性指标。

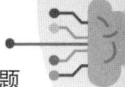

2015 年深圳市居民平均预期寿命已达 79.90 岁，较 2010 年提高 1.90 岁，超过同期全国平均预期寿命近 4 岁。2018 年，深圳市居民平均预期寿命达到 81.25 岁，而同期全国平均预期寿命为 77 岁。我国国民体质合格以上比例在 2012 年至 2018 年期间平均达到 90.30%。

2019 年末，深圳市拥有医疗卫生机构 4 513 家（不含 551 家非独立社区健康服务中心），比上年增加 707 家；拥有医院 144 家，增加 5 家；拥有床位 51 470 张，其中医院病床 47 366 张；拥有卫生工作人员 125 354 人，增加 9.10%。从每千人口拥有量来看，根据深圳市统计局公布的 2019 年末全市常住人口 1 343.88 万人计算，当年全市每千人口床位数量 3.83 张，每千人口卫生工作人员数量 9.33 人，每千人口卫技人员数量 7.67 人，每千人口执业（助理）医生数量 3.01 人，每千人口注册护士数量 3.30 人。

2019 年深圳市医疗卫生事业费为 335.48 亿元。医疗卫生事业费占地方财政支出的比例为 7.37%，较上年增长 2.91 个百分点。按常住人口 1 343.88 万人计算，人均医疗卫生事业费为 2 496.35 元。①

五、人才流动：人才新政促进人力资源流动

人力资源流动是区域人力资源开发的主要途径之一，特别是对深圳这样一个移民型城市，如何提高城市对各类人才的吸引力显得尤为重要。

将人才视为"第一生产力"和特区发展最宝贵的财富是深圳长期坚持的人才观。深圳对人才引进工作的重视在 2016 年出台的《关于促进人才优先发展的若干措施》（以下简称《若干措施》）中得以充分体现。《若干措施》以问题为导向，提出了 20 个方面 81 条 178 个政策点，在人才安居保障、给各类人才"松绑"、落实人才自主权、优化人才服务等方面大胆突破，打破束缚人才发展的条条框框，为人才提供全方位的支持。在实行更具竞争力的高精尖人才培育引进政策方面：实施杰出人才培育引进计划，未来五年重点培养一批具有成长为中国科学院、中国工程院院士潜力的人才并争取入选 3～4 名，重点引进诺贝尔奖获得者、国家最高科学技术奖获得者以及两院院士等杰出人才 15 名左右；进一步深化和拓展"孔雀计划"，市财政每年投入不少于 10 亿元，用于培育引进海内外高层次人才和团队等。在大

---

① 数据来自深圳市卫生与健康委员会网站。

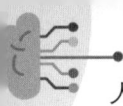

力引进培养紧缺专业人才方面：设置专业人才特聘职位；优化党政人才队伍专业结构；立足中长期发展需要，有针对性地引进培养党政紧缺专业人才；吸引集聚金融产业发展需要的专业人才；加快引进培养城市管理治理专业人才；大力引进培养城市规划设计、市政管理、环境工程、勘探监测、应急预防、防灾减灾、经济管理、基层社会管理、社会服务等方面的专业人才；加强教育系统专业人才队伍建设；完善"鹏城学者计划"，每个实施周期设置长期和短期特聘教授岗位各不少于 45 个，并给予具有国际竞争力的薪酬待遇；深入实施基础教育系统"名师工程"，引进培养一批在国内外享有较高声誉的名校长、名教师、名班主任和教育科研专家；实施医疗卫生"三名"工程；引进培养高水平人文社科专业人才，实施"文化菁英集聚工程"；优化企业家成长环境，建立有利于企业家参与创新决策、凝聚创新人才、整合创新资源的新机制，以进一步营造尊重、关怀、宽容、支持企业家的社会文化氛围，建立"亲、清"的新型政商关系。

2017 年，深圳颁布《深圳经济特区人才工作条例》。该条例第三章专门针对人才引进与流动做了详细规定，强调"人才引进应当突出经济社会发展需求导向，坚持精准施策、靶向引才，注重柔性引才用才，打破户籍、地域、身份、学历、人事关系等制约，促进人才资源合理流动和有效配置"。

六、人工智能背景下深圳人力资源开发面临的困难和挑战

前文从深圳的人口基础、学校教育、社会培训、卫生保健和人才流动方面对深圳人力资源开发的基础状况做了分析。总体而言，深圳经过 40 多年的发展，已经在人口、教育、培训、健康和人才管理方面奠定了良好的基础，特别是在吸纳人才和人才生态建设方面，在国内城市中独树一帜。但对比《粤港澳大湾区发展规划纲要》和《中共中央 国务院关于支持深圳建设中国特色社会主义先行示范区的意见》中关于深圳城市发展的定位，深圳未来的人力资源开发仍然任重而道远。在人工智能快速发展和深入应用的背景下，深圳的人力资源开发既面临一些共性的问题，又有一些特别的困难和挑战。

（一）高标准的城市发展定位需要高水平的人力资源开发

《粤港澳大湾区发展规划纲要》中明确了深圳的定位和建设目标：深圳要发挥

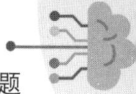

作为经济特区、全国性经济中心城市和国家创新型城市的引领作用，加快建成现代化国际化城市，努力成为具有世界影响力的创新创意之都。

《中共中央　国务院关于支持深圳建设中国特色社会主义先行示范区的意见》中明确：到 2025 年，深圳的经济实力、发展质量跻身全球城市前列，建成现代化国际化创新型城市。到 2035 年，深圳的高质量发展成为全国典范，城市综合经济竞争力世界领先，建成具有全球影响力的创新创业创意之都，成为我国建设社会主义现代化强国的城市范例。到 21 世纪中叶，深圳以更加昂扬的姿态屹立于世界先进城市之林，成为竞争力、创新力、影响力卓著的全球标杆城市。

现代化国际化创新型城市、高质量发展的全国典范、创新创业创意之都、现代化强国的城市范例、全球标杆城市等系列目标和愿景让人们对深圳的未来充满了期待。但一个基本的逻辑和事实是：所有的事业都是人干出来的，深圳 40 多年的快速发展是数以千万计深圳人（包括曾经的深圳人）干出来的，深圳未来的高质量发展同样需要数以千万计深圳人（包括未来的深圳人）的聪明才智和努力拼搏来支撑。

高标准的城市定位需要高水平的人才群体的支撑和引领，需要激活全体城市建设者们的潜能和动力去拼搏、去追梦。

高水平的人才群体的诞生和发展需要高水平的人力资源开发来保证、来支撑。

高水平的人力资源开发需要高水平的教育、培训、卫生保健和人才流动配置来支撑。

高水平的人力资源开发是全面人力资源开发，需要政府、教育机构、用人单位、家庭和个体共同发挥好开发主体作用。

（二）低端就业人口比重高制约人工智能技术的推广应用

人工智能是新一轮技术革命的代表性技术，其通用性和强渗透性使得其与产业行业、职业岗位和生产生活的融合是大势所趋。在未来的工作场景中，人机协作将是常态，提高员工的人工智能意识、知识水平和操作技能将是企业开展员工培训的重要内容。在深圳超过千万的就业人口中，如何提升大量低教育水平就业人口的人机协作能力，将是人力资源开发面临的主要挑战之一。

根据"六普"数据，在深圳户籍人口中，大学（大专及以上）教育程度人口为 97.57 万人，占户籍人口总量的 39%，表明深圳户籍人口的素质是比较高的。但反观数量庞大的外来人口，其受教育程度严重偏低：大专及以上学历人口仅占 6% 左右，而初中及以下学历人口比例高达 70% 左右。在深圳常住人口中，具有大学（大专及以上）教育程度的人口为 177.90 万人，占常住人口的 17.20%，远低于北京 31.50% 和上海 21.89%；具有高中（含中专）教育程度的人口为 248.23 万人，占常住人口的 23.96%；具有初中教育程度的人口为 456.27 万人，占常住人口的比重高达 44%，高于北京 31.40% 和上海 36.46%；具有小学教育程度的人口为 92.01 万人，占常住人口的比重高达 8.90%。在就业人口中，初中学历人口高达 50% 左右，而大专及以上学历人口不足 19%，总量超过 360 万人的一线生产、运输设备操作人员的平均受教育年限仅 9.80 年。

"2015 年 1% 抽样" 数据显示，深圳各口径的人口质量都有所改善。以就业人口为例，图 5-17 给出了深圳就业人口中不同受教育程度的比重分布，其中，与"六普"相比，大专及以上学历就业人口的比重已从不足 19% 升至 26.36%，而初中学历人口的比重则从 50% 左右降至 36.57%。

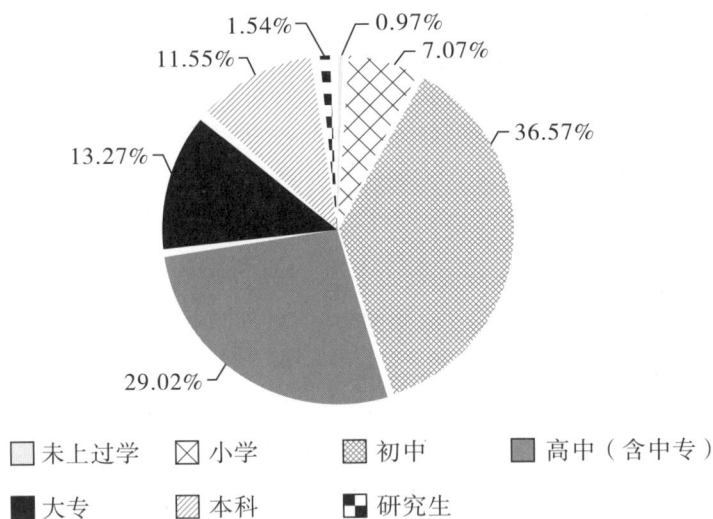

图 5-17　深圳就业人口中不同受教育程度的比重分布

《深圳统计年鉴（2019）》中的数据显示，深圳 2018 年末就业人口数量已达到 1 050 万人。如果采用"2015 年 1% 抽样"数据的受教育程度比例估算，深圳未上过学的就业人口就有 10 万人之多，小学毕业的就业人口超过 70 万人，初中毕业的就业人口则高达 380 余万人。尽管人工智能带来的就业极化效应本身并不意味着低学历人

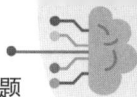

口会面临更大的失业压力，但从培训的角度看，低学历人口对新知识、新技术的学习能力显然是偏低的，这也为面向这类就业人口的人工智能等新技术培训带来了压力。

（三）人工智能人才的自主培养面临巨大压力

人工智能是一个综合性的研究领域，具有鲜明的学科融合特征。在前文关于人工智能概念的分析中，本书将人工智能定义为：人工智能是以人的思维和行为模拟为研究对象、以计算机软硬件系统和各类人造机器为实现载体、以不断拓展人类能力和满足人类需求为目标的科学研究、技术实现和产品应用。那么，相应的人工智能人才培养也大致可以分为三个层次：人工智能芯片、传感器、云计算以及大数据领域的基础层人才；计算机视觉、自然语言处理、语音识别以及机器学习等领域的技术层人才；以机器人、无人机、自动驾驶、智能客服、智能物流、智慧医疗等应用场景为代表的应用层人才。无论是基础层还是技术层人才，都需要掌握较为深厚的数学、算法、计算机语言等基础学科知识，即使是应用层人才，也要掌握一定的上述基础学科知识，同时要具备较为丰富的与应用场景相匹配的应用学科知识。多学科综合的特征使得人工智能人才的培养难度较高，表现为：对学生的综合素质要求高，对师资力量的要求高，且成才周期比较长。

2018年，教育部发布《高等学校人工智能创新行动计划》，明确要求：①加快人工智能领域学科建设。支持高校在计算机科学与技术学科设置人工智能学科方向，深入论证并确定人工智能学科内涵，完善人工智能学科体系，推动人工智能领域一级学科建设。②加强人工智能领域专业建设。推进"新工科"建设，形成"人工智能＋X"复合专业培养新模式，到2020年建设100个"人工智能＋X"复合特色专业；推动重要方向的教材和在线开放课程建设，到2020年编写50本具有国际一流水平的本科生和研究生教材、建设50门人工智能领域国家级精品在线开放课程；在职业院校大数据、信息管理相关专业中增加人工智能相关内容，培养人工智能应用领域技术技能人才。③加强人工智能领域人才培养。加强人才培养与创新研究基地的融合，完善人工智能领域多主体协同育人机制，以多种形式培养多层次的人工智能领域人才；到2020年建立50家人工智能学院、研究院或交叉研究中心，并引导高校通过增量支持和存量调整，加大人工智能领域人才培养力度。④构建人工智能多层次教育体系。在中小学阶段引入人工智能普及教育；不断优化完善专业学科建设，构建集人工智能专业教育、职业教育和大学基础教育于一体的高校

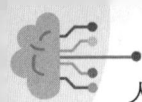

教育体系；鼓励、支持高校相关教学、科研资源对外开放，建立面向青少年和社会公众的人工智能科普公共服务平台，积极参与科普工作。

2019年，深圳发布《深圳市新一代人工智能发展行动计划（2019—2023年）》，明确要求：到2020年，深圳市人工智能产业规模、技术创新能力和应用示范处于国内领先水平，部分领域的关键核心技术取得突破，将一批特色开放创新平台打造成行业标杆，人工智能成为助推深圳市产业创新发展的重要引擎，形成新的经济增长点，人工智能产业综合竞争力位居全国前列。人工智能核心产业规模突破100亿元，带动相关产业规模达到3 000亿元。到2023年，深圳市人工智能基础理论取得突破，部分技术与应用研究达到世界先进水平，开放创新平台成为引领人工智能发展的标杆，有力支撑粤港澳大湾区建设国际科技创新中心，成为国际一流的人工智能应用先导区。人工智能创新体系初步建立，人工智能新产业、新业态、新模式不断涌现。人工智能核心产业规模突破300亿元，带动相关产业规模达到6 000亿元。

可以看出，这一行动计划呼应了深圳当前的"双区"建设背景，是一个与城市发展定位相一致的在高新技术领域的专项计划，也是一个有"野心"的计划。然而，支撑也是制约这一行动计划目标实现的关键要素在于人才，向外引进人工智能高端人才是必要的选项，但人工智能从科研到产业发展都绝不是短期和阶段性的工作，需要久久为功，不断突破，因此持续加强本地化人才培养应是一种战略性选择。

上述行动计划也明确指出，要推进高等院校和科研机构布局人工智能学科，鼓励开展人才定向培养，形成梯次完备的人工智能学科人才培养体系，全面增强人才对于产业发展的关键支撑作用；要创新人才培养机制，在中小学开设人工智能相关课程，推进产学研合作的新培养模式，鼓励高等院校和龙头企业在深圳联合设立人工智能课程，开展专业技能培训；要建设一批人工智能实训基地及实验室，培养一批人工智能产业潜在优秀人才。

笔者在"前程无忧"招聘平台抓取的人工智能类招聘岗位需求数据显示，在2020年8月下旬一周内，深圳地区包括腾讯计算机系统有限公司、国家超级计算深圳中心（深圳云计算中心）等564家企事业单位发布了包括算法工程师、生产智能化专家、人工智能讲师等在内的1 301个职位的招聘需求，计划招聘人员合计3 027人，见图5 - 18。

图 5 - 18　"前程无忧"招聘平台人工智能类招聘岗位词云图

而根据笔者对深圳高校有关人工智能类专业人才培养情况的不完全统计，目前深圳高校在自主培养人工智能类专业人才方面尚无法满足本地人工智能类岗位的需求。在大学专科层次，开设人工智能学院的只有深圳职业技术学院一所；在大学本科层次，尚未有高校开设人工智能专业；在研究生层次，深圳大学开设了腾讯云人工智能学院。但大部分高校都开设有与人工智能相关的专业，如大数据应用、智能制造等，或者在计算机科学与技术专业开设相应的人工智能方向或增设相应的课程等。

总之，与深圳人工智能产业发展对人才的需求相比，本土化人才培养的能力明显不足。

（四）人工智能类高端人才引进面临国际国内的激烈竞争

深圳在人才的吸引力方面一直保持着优势。LinkedIn（领英）中国于 2019 年 2 月发布的《粤港澳大湾区数字经济与人才发展研究报告》显示，深圳对于国内外高水平人才的吸引力和保留率都居于大湾区前列。智联招聘于 2020 年 5 月公布的《中国城市人才吸引力排名 2020》显示，从人才吸引力指数观察，2019 年上海、深圳、北京位居前三名。

但人工智能领域还是有一定的特殊性，作为最前沿技术领域之一，人工智能无论是在基础研究还是在技术层面，其对顶尖的杰出人才依赖度很高。譬如，在技术研发和产业发展领域，当前以及一定时期内，由于部分技术和产业体系还远未成熟，人工智能将面临如何从实验室走向市场这样一个摸索和尝试阶段。在此阶段，能够推动人工智能技术突破和创造性应用的杰出人才对产业的发展方向和技术的落地应用起着至关重要的引领作用。无论是国际层面，还是区域层面，以及企业层面，杰出的人工智能人才都是最为核心的竞争力。清华大学发布的《中国人工智能发展报告（2018）》中统计了目前全球人工智能杰出人才的分布情况，其中杰出人才最为集中的 10 个国家的情况见表 5 - 1。

表 5 - 1　全球人工智能杰出人才数量排名前 10 的国家概览①

国家	人工智能杰出人才数量/人	人工智能人才数量/人	人工智能杰出人才占比/%
美国	5 158	28 536	18.10
英国	1 177	7 998	14.70
德国	1 119	9 441	11.90
法国	1 056	6 395	16.50
意大利	987	4 740	20.80
中国	977	18 232	5.40
西班牙	772	4 942	15.60
日本	651	3 117	20.90
加拿大	606	4 228	14.30
澳大利亚	515	3 186	16.20

可以看出，尽管我国人工智能人才总量排在美国之后，位居第二，但其中公认的杰出人才只有 977 人，排在第六，杰出人才占比仅为 5.40%，在表 5 - 1 的 10 个国家中居于末位。全球范围内的杰出人才总量只有 20 458 人，深圳要想从全球范围内吸引人工智能杰出人才的选择余地并不大，即使面向国内引才，只有不到 1 000 人的总量，而国内城市间的人才竞争也相当激烈。

---

① 国务院发展研究中心国际技术经济研究所，等. 人工智能全球格局：未来趋势与中国位势［M］. 北京：中国人民大学出版社，2019.

第六章

人工智能背景下深圳人力
资源开发的对策与建议

▷ ▶ ▷ ▶ ▶ ▷

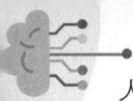

一、策略选择：大力推进全面人力资源开发

人工智能时代对人力资源素质提出了更高要求，最显著的特征就是素质需求的全面性，这种全面性在国家层面被概括为德智体美劳全面发展，在企业等用人单位层面通常被提炼为能力素质冰山模型，在个人层面则强调软技能和硬技能并重，如果加入人工智能背景，人的素质的全面性既包括处理好人与人之间关系的能力，又包括处理好人与智能机器（人）之间关系的能力。站在人力资源开发的角度，传统的人力资源开发是强调针对特定群体的开发，是将人的成长视为相对独立阶段的静态开发，是各开发主体各自为政的开发。人工智能时代的到来，既对人力资源素质的全面性提出了更迫切的要求，也给实现全面人力资源开发提供了技术上的可能性。

前文阐述了全面人力资源开发理念的内涵，强调要从开发主体、开发客体、开发对象、开发周期等方面来保障全面人力资源开发理念的落地。对人工智能背景下的深圳人力资源开发而言，全面人力资源开发也应成为其基本的策略选择。以下重点从五类开发主体视角分析相应的开发定位。

（一）个体是自我开发的主人，应确立终身学习和持续开发的理念

人工智能对人类社会的影响，无论是机遇还是挑战，最终还是以对人类个体的工作、学习和生活的改变来呈现。全面人力资源开发理念的核心在于如何通过对个体潜能的有效开发，使之更好地面对未来的工作世界、学习世界和生活世界。在全面人力资源开发的视野下，个体不仅仅是在扮演着被开发者（客体）的角色，人力资源具有主观能动性的特征决定了个体具有主客体的双重性，这是人力资源开发区别于其他资源开发的重要特点。因此，无论是学校教育还是企业培训，无论是普通教育还是职业教育，即使是借助人工智能来促进学习，只有当作为开发客体的个体接受并配合开发主体的开发活动时，开发的目的才有可能实现。任何无法有效激发被开发者学习动机甚至违背其意愿的强制性开发，效果一定事倍功半。只有确认个体在人力资源开发中的主体地位，承认其开发权利，激发其开发动机，让个体成为学习的主人——真正的自我开发者时，学校教育中学生自主学习动机不强和企业培训中员工热情不高的现象才会得到一定程度的改善。

不同个体的先天禀赋和后天成长环境各异，但有一点是明确的，每个个体都是

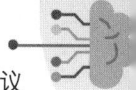

一个待开发的宝藏，特别是在深圳这样一块适宜各类人才成长和发展的热土之上，"天生我材必有用"，每个人都可以拥有足够的发展空间。与其等待来自外力的被动开发，不如将开发的主动权掌握在自己手中，做自我开发的主人。通过树立终身学习的理念，规划好自己的学业生涯、职业生涯，无论起点如何，每个个体都可以拥有不同的人生精彩。

（二）家庭应承担起个体早期成长阶段"成人"教育中的主体责任

家庭作为人力资本投资主体的地位几乎没有异议，但在孩子到了接受学校教育的阶段，一些家长错误地认为，既然将孩子交给学校，那么孩子的教育就责无旁贷地成了学校的责任（中国大量留守儿童的存在另当别论），从而使家庭这一人力资源开发的主体没有承担起相应的开发责任。通过对许多在学习上或人格上存在异常的学生的分析，几乎都可以追溯到家庭生活或家庭教育的异常。在现实中，即使到了高等教育阶段，学校仍要不断强调、强化最基本的做人做事准则和行为习惯，问题的源头就在于不少家庭作为开发主体的缺位或错位。

前文曾述及，深圳是一个典型的移民型城市，也是一个工作型城市，其家庭户成员数在同等城市中最低，工作忙碌是大多数家庭的普遍状态，这也往往成了疏于陪伴与管教孩子的理由。但不可否认的是，家庭教育在个体人力资源成长中发挥着无可替代的作用，无论是其行为习惯的养成、价值观念的确立，还是做人做事的风格，无不时时刻刻受到父母长辈的影响。从某种意义上讲，家庭教育的好坏决定了个体成长的基本方向，并最终影响其人生高度。

人工智能时代需要人类更好地发挥"人"的优势，如稳定的情感、健全的人格、同理心等，这些素质的养成离不开家庭的熏陶。在全面人力资源开发的视野下，家庭教育的重要性以及家庭在开发中的主体地位应受到高度重视。

（三）教育机构应纠正人力资源开发中的错位状态，向教育本质回归

人工智能时代的教育，一方面要借助技术来提升人才培养的效率和效果，另一方面也特别需要坚守教育本质，实现人的全面发展，从而更好地适应人机共生的新世界。

在人力资源开发这一贯穿个体生命周期全程的活动中，存在着其他主体缺位、错位和越位的多重现实。在这种现实中，存在这样一种现象：家长以为将孩子送到

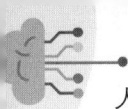

学校接受教育就万事大吉，企业则坐等享用合格劳动力，以致人力资源开发的大部分责任都加在学校肩上，使其主体地位在一定程度上处于错位状态。事实上，各级各类学校不过是履行相应学校教育阶段或教育类型主体责任的人力资源开发主体之一而已。学校的主体责任就是顺应或适度超前于当下社会经济文化发展的趋势，正确认识所负责的教育对象的阶段（类型）特征，尊重其发展需求，遵循教育和人才成长规律，为教育对象创设一个能激发其潜能的环境，搭建一个助其向上跃升的平台。

从全面人力资源开发的角度看，在不同的教育阶段，教育机构的侧重点显然不同。学前教育阶段应立足于儿童生活习惯的养成；基础教育阶段应重点关注学生学习兴趣的激发和良好学习习惯的养成，为学生今后的社会生存和职业选择奠定基础；职业教育阶段应做到专业技能训练和职业素养培育并重，不可偏废；高等教育阶段应着力于创新创业能力的培养，为社会经济发展培养高素质专业人才。

（四）用人单位应承担起人力资源开发的社会责任，提升其人力资源管理能力

在人工智能时代，以企业为代表的用人单位将是人工智能技术产品和服务应用的主战场。用人单位既是技能的需求方，又是培养岗位所需技能的最佳场所。

用人单位作为人力资源开发主体的地位是不言而喻的，但现实中有不少用人单位尤其是部分企业并未履行或有效履行其作为人力资源开发主体的责任。这突出表现在两个方面：一是企业缺乏主体责任意识，将其发展目标仅锁定在盈利和成本控制层面，只强调对员工的使用，忽视了员工自身的发展需求。二是企业对自己作为人力资源开发主体的认识不到位、管理能力不足。很多企业对人力资源开发的认识仅停留在培训，特别是通过员工培训实现企业发展的层面，缺乏对员工个人发展真正的关注和投入。当然，人力资本产权的不可分割性使得企业人力资本投资存在风险，不少企业因为担心员工"翅膀硬了"不好管理，甚至担心会"为他人做嫁衣裳"而不愿为员工培训投入太多。在这种情况下，大学生就业难、职业教育中的校企合作人才培养困难重重等现象也就不难理解了。大学生就业难的原因是多方面的，部分学生自身能力不强、素质不高是其一，很多企业设置的工作经验门槛也是阻碍应届毕业生就业的重要原因。如果没有企业愿意对新生劳动力进行开发培养，那么他们的经验从何而来呢？而在技能人才校企合作培养过程中存在的"剃头挑子一头热"现象——企业合作动力普遍不足，个中原因固然是多方面的，但很多企业

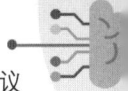

将人才培养仅仅视为学校的事，使得用人单位在人才成长这一环环相扣的链条中缺位，可以说是重要的原因。

（五）政府应强化人力资本投资主体地位和人力资源开发宏观管理责任

人工智能所具有的战略性地位、通用性、强渗透性特征使其具有鲜明的"基础设施"和公共产品色彩，因此，政府在人工智能专业型人才培养和面向全民的人工智能素养培养方面都担负着特殊的责任。一些地方政府作为人力资源开发的主体，既存在缺位现象，更有越位之嫌。一方面，在教育尤其是义务教育阶段，政府理应承担起人力资本投资主体的责任；但受财政支付能力所限，一些地方政府的教育投资长期不足，对教育的重视仅仅停留在口头上，导致了主体的缺位。另一方面，无论从文化传统还是社会现实来看，在我国人力资源开发主体中，政府是相对强势的，主要表现在对人力资源开发特别是教育领域的干预较多，影响了学校教育特别是公办院校办学效率。这也容易造成其他主体对政府的过度依赖，一定程度上影响了其他主体的责任履行。政府在履行人力资源开发主体责任时，应重点关注人力资源开发的宏观布局、投资保障、质量监控和政策引导方面。

二、政府：加强政策引领与制度保障，加大投资于人的力度，加强人才链和公共服务平台建设

在中国全面建成小康社会、深圳经济发展水平已跨越中等发达阶段并进入"双区"发展新时代以及人工智能全面应用的背景下，深圳未来的人力资源开发已不再仅仅拘泥于将人作为生产要素来开发的传统发展理念，而更应关注如何实现城市发展和人的发展的良性互动，即人的发展本身就是城市发展的重要组成部分，人的发展既是城市发展的基本推动力，又是城市发展的目标和落脚点。因此，在深圳"十四五"期间乃至更长的发展阶段里，人力资源开发的策略选择应跳出对某一年龄段人口群体和某一人力资源开发领域的关注和投资的局限，从实现人力资源个体全生命周期开发的视角，从包括政府在内的各开发主体联动配合的角度，从影响人力资源成长的各开发领域的均衡投资角度，实施全面人力资源开发策略，将人的全面发展置于城市发展之先，将城市发展立于人的全面发展基础之上。面对人工智能带来的挑战和机遇，政府在全面人力资源开发中应重点围绕以下四个方面开展工作：

（一）加强观念引导和政策引领，为人工智能发展提供"助推器"，筑起"防火墙"

面对人工智能技术和商业应用的迅速发展，乐观者有之，悲观者也不少。悲观者说：人工智能既然可以在不少具体工作（比如围棋）上做得比人类更好，学得比人类更快，那么人类活着的意义是什么？人工智能既然可以在许多工作中取代人类，那么人类的价值该如何体现？著名科学家霍金、商业领袖比尔·盖茨都是悲观者的代表。而乐观者说：超人工智能还遥遥无期，人工智能与人类协作才是未来的主旋律，人工智能对于人生意义的挑战主要源于人类自身的心理感受，如果我们能在农耕时代接受骡马作为人类的合作对象，在现代社会接受机械与人类共同协作，那为什么不能在当代或未来接受人工智能这个好帮手呢？李开复算得上是乐观者的代表。

前文曾剖析人工智能在宏观层面的影响主要体现在对就业的冲击和收入分配差距扩大等方面。一方面，政府要加强对舆论的正确引导，让民众认识到技术进步是无法阻挡的历史潮流，在享受人工智能带来的便利和红利的同时，也要积极面对其可能带来的负面影响；就像曾经发生过的历次技术革命一样，只要正确应对，以人工智能为代表的新一轮技术革命最终会推动人类的发展和进步。另一方面，政府要积极作为，提前筹划稳定就业，缩小收入分配差距，推动人工智能发展和应用，相关法律法规、伦理规范建设等方面的政策措施，尽量将人工智能可能带来的负面冲击降到最低程度。

发展不等人，尽管人工智能已经带来了一些负面影响，但问题只能在发展中解决。深圳作为社会主义先行示范区的历史使命也要求其必须加快人工智能产业的发展，并在此领域的健康发展方面做好示范和引领。深圳要做的工作至少包括制定和积极落实人工智能产业发展政策（目前已出台 2019—2023 年行动计划）、人工智能人才培育专项计划、人工智能技术标准与迭代发展计划、人工智能就业促进政策指引、人工智能发展配套法律法规和伦理规范等，从而为人工智能的健康快速发展提供"助推器"，筑起"防火墙"，以期占领以人工智能为代表的新一轮技术革命和产业革命的制高点。

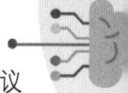

（二）加大投资力度，为城市迎接人工智能时代的到来做好"人"的准备

人力资源开发是投资于人的事业，也是典型的"长线投资"，着眼的是城市发展的后劲与未来。宏观层面的人力资源开发途径既包括学校教育、社会培训，又包括卫生保健和人才流动等。未来，政府除了应加强"新基建"中与人工智能相关的投资之外，也应着力补齐在教育、培训、卫生保健和促进人力资源合理流动方面的短板，从人力资源全面开发的角度加大对上述领域的投资力度。

（1）在教育领域，应着力构建与深圳城市发展定位相匹配的现代教育体系。基于民众教育需求和深圳政府的财政实力，在这一体系中，应保证各层次公办教育的主体地位。除了高等教育要加强人工智能高端人才培养之外，职业教育领域也应进一步打通本科乃至研究生层次的职业教育，以适应深圳产业发展对高素质创新型技术技能人才的迫切需求。应根据学龄人口年龄结构的变化，提前优化布局各环节的基础教育建设，尽快突破普通高中层次的"瓶颈"。需要特别强调的是，深圳一直实行九年义务教育制度，而深圳是一座典型的移民型城市、工作型城市，劳动参与率居全国大中城市前列，家庭面临的教育压力极大，如何解决大量就业人口的教育后顾之忧应是政府必须认真考虑的问题。在财政支出可承受的范围内，能实行 15 年义务教育最好，如果要分阶段实施，笔者主张将义务教育优先向下延伸至幼儿教育阶段，一方面是因为幼儿教育在人的全面发展中的特殊价值，另一方面则希望通过缓解家庭就业人口的教育压力，提升其工作效率。

（2）在培训领域，一方面要遏制近年来职业培训下滑的趋势，另一方面要特别支持中小微企业的员工培训。大企业往往比较注重员工的培养工作，建立了比较完善的员工培训体系，对外部培训服务的依赖度比较低。大量中小微企业则不然，其往往需要通过外部力量来实现对员工的培训与开发，但作为准公共产品的社会培训服务特别是技能人才培训的供给往往不足，难以满足广大中小微企业的培训需求。因此，政府应进一步关注中小微企业员工培训体系的建设，通过政策引导、购买培训服务、建立公共实训基地、发挥行业协会作用等多种渠道，逐步完善社会化的中小微企业员工培训体系，为存量就业人口的素质提升提供坚实的平台。

（3）在卫生保健领域，应进一步加大保障全民身心健康方面的投入，推进《健康中国行动（2019—2030 年）》计划，建设健康深圳。身体素质是衡量人力资源个体质量的基本指标，在人力资源开发中，卫生保健领域开发的主要目的就是提升人力资源的健康水平。但值得关注的是，在谈及人力资源健康水平的时候，人们通常更关注身体健康问题，而忽视其心理健康水平。根据北京师范大学心理学教授张西超的估算，在全国范围内的从业人员中，有高压力主观感受的人群数量达到2.1亿人，有高心理压力的人口达到 1.3 亿人，有高抑郁倾向的人口超过 500 万人。整体而言，快速发展中的中国是一个"高压力的国度"。而深圳的情况更让人忧虑。一项深圳居民精神疾病流行病学调查结果显示，在年龄为 18 岁以上的人群中，按照不管轻重，只要有过一次精神病症就计入的统计标准，深圳有精神障碍的人口占全市人口的 21.19%，也就是每五个人中约有一人，这个比例是全国最高的；其中，重症精神病患者占全市人口的比例为 1.41%，也是全国最高。① 此外，一项深圳人心理压力调查结果也显示，76.40% 的深圳人心理压力很大或较大。深圳市康宁医院的李秋明医生认为：深圳是一个外来人口居多的移民型城市，生活节奏快，工作竞争激烈，由此带来巨大的心理冲击和压力，但是大家并不容易得到来自亲友及社会的支持，移民型城市特有的社会问题较为突出。而根据"六普"数据，深圳就业人口中正在工作人口的周平均工作时间在 49 小时及以上的比例达到 35.03%，更有高达 17.38% 的正在工作人口的周平均工作时间在 57 小时及以上。深圳市各行业的正在工作人口中，农、林、牧、渔业就业人口的周平均工作时间达到 52.77 小时，是最辛苦的行业；住宿和餐饮业、居民服务业和其他服务行业位居第二、三位，周平均工作时间均在 51 小时及以上。今天的深圳还是个典型的工作型城市，但未来的深圳，不仅应继续是"宜业"的城市，也应是"宜居"的城市，更应是"乐活"的城市。在推进全面人力资源开发的进程中，对人的健康开发，不但应关注身体健康的开发，而且应特别关注心理健康的开发。在这方面，政府和全社会都应承担起相应的责任。

（4）在促进人力资源合理流动领域，应加大人才培养力度。深圳之所以能取得今天的成就，是得益于早期的"政策红利"和持续释放的"改革红利""创新红利"，从更深层次分析，是得益于"人口红利"。可以从两个方面解读这一"人口红利"：静态上，体现为城市的人口年龄结构优势，使之成为一个工作型城市；动态上，则是大批想干事、能干事的外来人口在市场化选择和城市人口调控的引导下逐步沉淀在深圳的各行各业。从某种意义上讲，正是这种对人力资源流动的开放与包容使得深圳长期保持着城市活力和竞争力。《深商的精神》一书作者在分析深商精神时论及"深商生生不息的生命力在于能容纳新的人、新的想法，能容许新的商

① 周倩. 每五个深圳成年人就有一个"心里有病"［N］. 深圳晚报，2013 - 10 - 10（A4）.

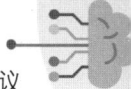

业基因不断加入",这从一个侧面很好地阐释了深圳的活力之源。促进人力资源合理流动应包括两个方面:一是如何持续保持深圳对增量外来人力资源的吸引力。必须发挥市场化调节和政府宏观调控的双重手段,不但在大力引进高精尖人才上下功夫,而且在吸引包括大中专毕业生、内地外来务工人员方面提供更多的政策支持、公共服务保障,让深圳始终是国内乃至海外人士发展事业的理想目的地。二是如何使存量人力资源更好地发挥其潜力。必须为存量人力资源在深圳区域内、体制内外、不同行业企业间的合理流动创造条件,提供支持,实现人力资源的更合理配置,从而持续激发人力资源的活力。

(三)统筹兼顾,打造完整的人工智能人才链

无论是推动人工智能产业的健康快速发展,还是让人工智能更好地融入市民的工作、生活和学习,都需要进一步加大人工智能专业人才培养力度,提升全民人工智能素养,打造完整的人工智能人才链,形成从人工智能高端研发型人才、人工智能技术和产品应用型人才到具备良好人工智能素养的大众就业者的人才梯队。

(1)在高端研发型人才领域,一是要立足自主培养,加快深圳高等院校特别是综合性高校人工智能类人才培养的学科和专业布局,探索按照人工智能学科范畴建设一级学科,灵活设置二级学科。适当增加人工智能相关专业招生名额,加强人工智能人才培养基础设施建设。二是要加强人工智能各领域人才的引进和使用工作,在国际国内对人工智能高端人才争夺日益激烈的背景下,尽快建立急需紧缺人才目录并动态更新,强化以市场发现、市场认可、市场评价为基础的人才评价体系,构建人工智能人才评价机制,在关键核心技术领域靶向引进领军型人才团队。加强与香港、澳门地区及国外科研机构合作,通过引智工程,重点引进人工智能国际顶尖科学家和高水平创新团队。鼓励并支持有条件的机构和企业加强与全球顶尖人工智能研究机构和企业合作互动,采取项目合作、技术咨询等方式柔性引进人工智能人才。要进一步创新海外高层次人工智能人才引进机制,推动人才制度的国际化发展,建立与国际接轨的人才招聘、科研资助、人才评价、人才服务等制度,完善医疗、教育、出入境及居留等保障措施。

(2)在应用型人才领域,要加大职业教育、社会培训和企业培训力度,根据人工智能在各类行业应用场景的不同,有针对性地培养大批应用型技术技能人才、商务型人才等。为适应深圳智能制造产业的发展以及传统制造型企业对智能机器操作岗位人才需求的增加,应在高职和中职学校进一步增设人工智能类、智能制造类专

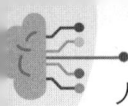

业，加大人工智能和智能制造类技术技能人才的培养力度。伴随着人工智能在企业运营管理和商务服务领域的深入应用，深圳企业的数字化、智能化管理人才需求也在快速增长，职业院校在设置这类专业时可以与腾讯、阿里巴巴、京东、苏宁、美团等大型平台企业合作，这种校企合作人才培养模式由于能比较好地契合双方的需求，已在深圳职业技术学院等职业院校成功落地，值得大力推广。针对企业和社会培训机构组织的人工智能类人才培养，政府可以通过税收减免和发放培训券等形式予以支持。

（3）在大众就业者层面，应全面提升就业者的数字素养、技术素养和人机协作能力，为迎接智能时代的到来培养大批高素质的劳动力大军。对大众就业者而言，在变革的时代，即使没有人工智能的冲击，也会有其他技术造成对人力的替代，"没有稳定的工作，只有稳定的能力"才是更有价值的判断。让机器做机器擅长的事，让人类做人类擅长的事，人机协作也许才是值得期待的未来工作场景。政府可以通过委托相应的行业协会、相关企业以及高技能人才管理服务中心等机构，通过长期开设人工智能类公益课程等形式来提升大众就业者的人工智能技术和产品应用水平。

（四）加强人工智能公共服务平台建设，推进全面人力资源开发

全面人力资源开发是深圳未来人力资源开发的基本策略选择。而要真正实现人力资源的全面开发，首先需要在数据和技术层面打通横亘在各类开发主体之间的数据壁垒，教育机构和企业等其他开发主体都不具备这样的驾驭能力，因此需要借助政府来架设相应的人工智能公共服务平台，集成不同开发主体的人力资源开发数据，为学校、企业、卫生保健部门、家庭和个人的人力资源开发决策与管理提供数据支撑。

第一，要夯实信息基础设施。通过打造高速宽带等融合、泛在的信息基础设施，构建全覆盖、高效能的人工智能信息基础设施体系。以智能发展需求为导向，优化提升为集感知、传输、存储、计算、处理于一体的新一代智能化信息基础设施，实现全市互联网接入的无缝覆盖。

第二，要建立包括人力资源开发大数据在内的城市大数据中心。通过构建统一高效、安全可靠、按需服务的市级大数据中心，实现城市感知数据、政府数据、社会数据的全面汇聚与融合，为各部门提供人口、教育、培训、卫生保健、人才流动等基础数据服务。加快推动政府数据开放，鼓励教育、人力资源和社会保障、卫生

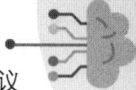

保健等各行业的数据应用平台建设。支持企业基于政府开放数据为人力资源开发提供增值服务，形成社会共治的治理新模式。

第三，面向各人力资源开发主体的共性需求，依托人工智能领域领军企业、科研机构及高等院校等主体建设人力资源开发创新管理平台及公共服务平台，形成统一完备的支撑服务力量。

三、学校：坚守教育本质，主动适应，推进智能教育

学校是人力资源开发主体之一，在很多时候也被视为最重要的主体。在人工智能时代，学校一方面面临更大的人才培养压力——实现人的全面发展比以往任何时候都更重要；另一方面也面临现代学校教育自诞生以来最为难得的机遇——因材施教、个性化教育时代的到来。因此，学校一方面要坚守教育本质，为实现人的全面发展而努力；另一方面要主动应用教育人工智能技术，推进智能教育。

（一）适应智能时代要求，推进教育人工智能技术应用

人工智能（AI）本身就是一个模拟人类能力和智慧行为的跨领域学科，而教育人工智能（EAI）则是人工智能与教育科学相结合而形成的一个新领域。教育人工智能通过人工智能技术的应用来更深入、更微观地理解学习是如何发生的，又是如何受到外界因素影响的，进而为学习者高效学习创造条件。

有学者根据调研分析以及相关学者的研究，构建了教育人工智能的技术框架，主要包括教育数据层、算法层、感知层、认知层和教育应用层。[①]

其中，教育应用层是各类人工智能技术在教育领域应用的集中体现。目前的人工智能教育应用主要包括智能导学、自动化测评、拍照搜题、教育机器人、智能批改、个性化学习、分层排课、学情监测等方面，服务的对象包括学生、教师和管理者。

（1）智能导学系统是利用人工智能技术提供个性化学习指导的自适应教学系统，该系统能够满足不同学习者的需求，在知识、技能和情感上提供智能服务。

（2）在自动化测评方面，科大讯飞、百度、微软等公司研发了多款基于人工智

[①] 杨现民，张昊，郭利明，等. 教育人工智能的发展难题与突破路径［J］. 现代远程教育研究，2018（3）.

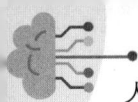

能技术的语音测评软件，并已投入市场。

（3）借助图像识别技术，拍照搜题类软件为学生的自主学习提供了便利。例如，"作业帮""学霸君"等 App 可以把学生拍下的问题上传云端，并及时给出解题思路。

（4）教育机器人作为一个强有力的学习工具，在教育领域的应用越来越普遍。

（5）智能批改是借助人工智能技术实现作业自动批改。例如，批改网基于自然语言处理技术，对英语作文进行评分，并给出评语和修改意见。

（6）在个性化学习方面，人工智能技术结合大数据能为每位学生制定个性化的学习路径，推送合适的学习资源，提升其学习效果。

（7）分层排课是利用先进的人工智能算法实现"一人一课表"，以应对分层教学带来的挑战，目前市场上已有启智达云排课、云校排课、正达排课等智能排课系统。

（8）学情监测是借助人工智能技术全面了解学生的学习情况，并对其学习结果进行预测和干预。

（二）大力推进智慧校园建设，提升学校教育的管理与服务效率

智慧校园是指以促进信息技术与教育教学深度融合、提高教与学的效果为目的，以物联网、云计算、大数据分析、人工智能等新技术应用为载体，提供一种环境全面感知、智慧型、数据化、网络化、协作型、一体化的教学、科研、管理和生活服务，并能对教育教学、教育管理进行预测的智慧学习环境。[①]

以科大讯飞提供的畅言智慧校园建设方案为例，其智慧校园建设的思路是：通过构建校园级应用集成整合平台，实现校园教、考、评、学、管业务的无缝连接与数据贯通，打造智慧课堂、智能考试、智慧学习、智慧管理和智慧环境五大核心业务，实现校园数字资产的常态化积累与传播共享。[②] 该方案依托人工智能技术，为师生提供一个全面的智能感知环境和综合信息服务平台，以实现人与人互动、人与物互动、物与物互动；同时，基于伴随式数据采集与动态大数据分析，结合过程性评价，帮助教师实现因材施教，帮助管理者全面督导并辅助其决策。

以浙江大学智慧校园建设为例，其在迈过了多媒体教学发展阶段、数字校园建

---

① https://baike.baidu.com/item/智慧校园/9845341?fr=aladdin.

② 科大讯飞官网，http://www.iflytek.com/content/details_17_2120.html.

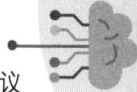

设阶段后，现已进入智慧校园建设阶段。其核心特征是学校与外部世界之间的交流和感知、针对师生不同角色的个性化服务、校内各应用和服务领域的互联和协作。其建设内容包括智慧环境、智慧资源、智慧管理、智慧服务等。①

在智慧校园基础建设方面，该校通过与电信、移动等多个运营商互联，建成了把机房、教室、实验室以及车辆、电器、仪器等物联网各种信息综合在一起的遍布七大校区的泛在网络。

在智慧校园环境建设方面，该校在紫金港校区搭建了互动教学场景、远程授课教学环境，还建设有多重风格的智慧教室、课程摄制演播室，可以把课程实时推送到边远地区。

在智慧校园资源建设方面，该校建设有知识资源服务平台，包括：各类互联网公用资源，比如免费的电子书、开放课程等；学校公共服务资源，比如图书馆的文献资源、数字出版产品、数字档案等；师生自己的原创资源，比如发明专利、专题报道、学术成果等。把这些资源进行汇聚、抽取后提供给公众检索，既可以服务师生，也可以服务社会。

在智慧校园核心应用建设方面，该校构建了一个大数据仓库，涵盖了节能减排、门禁管理、智慧安防、综合数据分析等核心应用。在共享平台方面，该校建设有校园一卡通系统、统一身份认证服务平台、GIS 校园地图、后勤基础数据库等。

在智慧学习服务建设方面，该校加强了很多技术方面的建设。比如，提供"同时异地"课程技术服务，使异地的学校可以同时收看同一老师的课程，也可以进行实时互动。

（三）推进智慧课堂建设，提升学生的学习兴趣和效率

智慧课堂是指以"互联网＋"的思维方式和大数据、云计算等新一代信息技术共同打造的智能、高效课堂。其实质是基于动态学习数据分析和"云、网、端"的运用，实现教学决策数据化、评价反馈即时化、交流互动立体化、资源推送智能化，创设有利于协作交流和意义建构的学习环境，通过智慧的教与学，促进全体学生实现符合个性化成长规律的智慧发展。

---

① 信息来自浙江大学信息技术中心主任陈文智在"2017 年高等教育信息化创新论坛"的演讲。

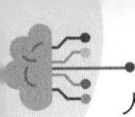

以科大讯飞开发的畅言智慧课堂为例，其特色功能包括：①

（1）一键开放投屏：可实现一键操作，简单快捷，支持任意应用的投屏与讲解，使更多优质资源进课堂。

（2）无网环境授课：可实现跨平台、不依赖互联网，满足高并发、稳定的师生互动授课。

（3）海量优质资源：可提供全学科、同步到书到课的优质资源与海量题库，支持校本资源、第三方资源引入，助力老师轻松备课、高效上课。

（4）标准语言环境：通过电子课本提供标准朗读带读功能，以及支持中文、英文语音测评，帮助学校构建标准语言教学环境。

（5）实用教学工具：支持PPT、Word的原生态播放，提供白板、实物展台、课堂互动、微课录制等工具，满足全学段、全学科、多课型的常态授课。

（6）多彩互动课堂：支持抢答、随机、分组等多种做题方式，提供投票、分享屏幕、拍照对比讲解等互动功能，助力老师打造多彩互动课堂。

（7）全程动态评价：从日常作业、随堂检测到周考、月考、大考，提供全过程学习精准诊断与评价，推进智慧的教与学，实现个性化学习。

（8）立体互动交流：创设有利于协作交流的学习环境，满足课堂延伸需求，促进师生、生生间的互动交流，培养学生的自主学习习惯，提升其自主学习能力。

（9）绿色学习环境：提供学生定制终端，预置优质学习资源与应用，支持设备全方位安全管控，构建绿色学习环境，让老师、家长更加放心。

四、企业：主动前移，追求多赢，实现智能时代企业人力资源开发与管理升级

传统的人力资源开发主要是针对在职在岗员工的培训与开发，因此企业是重要的开发主体。在全面人力资源开发的框架里，企业依然是重要的开发主体之一，但其角色和定位应有一定的变化。在人工智能时代，一方面，企业对员工的能力素质提出了更高要求，但员工成长的连续性使得单靠企业或学校很难真正培养出企业所需的高素质人才，校企合作培养人才应成为人才培养的主要模式之一，因此，需要企业将人力资源开发的站位前移，主动对接学校，最终实现企业、学校和员工的多

---

① 科大讯飞官网，http://www.iflytek.com/content/details_17_2120.html.

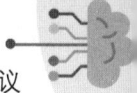

方利益共赢；另一方面，企业内部的员工培训与开发也应更好地利用人工智能技术，以提升内部人力资源开发与管理的智能化水平。

（一）站位前移，加大校企合作力度

这里重点以企业与职业教育的校企合作为例进行阐述。党的十九大报告明确指出，要"完善职业教育和培训体系，深化产教融合、校企合作"。上述文字虽简，但内涵丰富，可视为国家层面关于职业教育的定位及未来发展路径至关重要的战略性方针和顶层设计。将其与习近平总书记在 2014 年全国职业教育工作会议召开期间所做的重要批示中指出的"职业教育是国民教育体系和人力资源开发的重要组成部分"，以及 2013 年 11 月中国共产党第十八届中央委员会第三次全体会议通过的《中共中央关于全面深化改革若干重大问题的决定》提出的"加快现代职业教育体系建设，深化产教融合、校企合作，培养高素质劳动者和技能型人才"等表述联系起来可以看出，国家层面高度重视企业与职业院校通过产教融合、校企合作形式来实现技术技能人才的培养。①

2019 年国务院发布的《国家职业教育改革实施方案》（以下简称《方案》）在描述职业教育现状时指出，"企业参与办学的动力不足"。姜大源认为，"校热企不热"是职业教育存在的问题之一。为落实和促进校企合作，2018 年 2 月，教育部等六部委发布《职业院校校企合作促进办法》，强调"发挥企业在实施职业教育中的重要办学主体作用"，并使用了"双主体"概念。姜大源在解读上述文件时认为，"双主体"是一种基于人力资源供给侧思考的人才培养新范式。他进一步认为，职业教育有别于普通教育的一个重要特征是其有两个必需的学习地点，即学校和企业，因此，在人才培养的全过程中，学校和企业是两个协同运作的社会机构，应是互为"主—客"关系的需求与供给的"命运共同体"。②

对企业而言，是否开展校企合作最终取决于投入和回报的权衡，但面对人才需求的痛点，在人力资源开发决策中，企业应将投入和回报的衡量周期拉长，特别是大中型企业，不应以短期回报作为校企合作的唯一考量。

---

① 李亚军. 企业大学功能演进与职业教育产教融合、校企合作［J］. 中国职业技术教育，2019（19）.

② 姜大源. 完善职业教育和培训体系：现状、愿景与当务［J］. 中国职业技术教育，2017（34）.

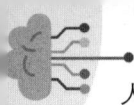

以 2019 年国家推行的"1 + X"证书制度为例,上述《方案》强调"鼓励职业院校学生在获得学历证书的同时,积极取得多类职业技能等级证书,拓展就业创业本领",对"能够依据国家有关法规和职业标准、教学标准完成的职业技能培训,要更多通过职业教育培训评价组织等参与实施","培训评价组织应对接职业标准,与国际先进标准接轨,按有关规定开发职业技能等级标准,负责实施职业技能考核、评价和证书发放"。而企业特别是大中型企业在工作分析、标准制定、培训评价等方面更具优势,完全可以发挥更大的作用。在国家清理和取消了大批国家职业资格证书后,职业院校部分专业面临"无证可考"的真空期,给企业和行业协会深度参与职业教育提供了宝贵的机遇。

(二) 利用人工智能技术,提升企业员工培训智能化水平

企业员工培训是实现人力资源开发的基本形式之一,企业和员工也是人力资源开发的重要主体。"先培训,后上岗"几乎是所有企业实现人力资源开发的首要标准动作。打造学习型组织是很多管理理念和管理水平较高企业的普遍追求。即使是一些传统行业的中小型企业,为在岗员工开展多种形式的培训和学习活动也日益普遍化。通过培训赋能员工、赋能组织,以应对来自市场竞争、技术革新的压力,支撑和实现企业的可持续发展,越来越成为企业的共识。

而大多数企业在员工培训工作中会面临一些问题,比如培训的方式方法单一、培训内容不能满足员工需求、培训目标与课程设置未与组织目标有效结合、培训缺乏系统性等。那么,人工智能技术的应用能否解决上述问题呢?以下从员工培训工作的基本流程出发,简要分析一下人工智能技术在其中的应用:

1. 可以更好地挖掘员工的培训需求

需求分析是培训的首要阶段,通过需求分析可以确认工作岗位要求与员工真实技能水平的差距,从而确定培训内容与方法。借助人工智能技术,利用数据存储与处理、信息挖掘与学习的功能,记录员工日常工作表现,外加心理学分析量表等专业工具,可以更准确地分析员工真实的培训需求。

2. 可以提升培训设计的有效性

培训设计阶段要基于员工培训需求分析结果来确定最恰当的培训形式、方法及内容。目前大多数企业的培训设计方案形式较为单一,多为传统课堂教学模式;设

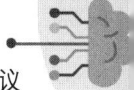

定的培训方法与技术较为单薄，大多局限于案例教学法、拓展训练法。人工智能技术的引进则可丰富培训形式，比如采用线上线下培训相结合的形式，利用计算机平台直接对员工进行培训，通过人工智能的人机交互功能及时解答员工疑惑，使员工可随时随地学习。另外，人工智能还可通过知识学习和信息深度挖掘，借助需求分析结果自动设计出合理的员工培训方案。目前腾讯、顺丰等企业的员工培训已基本实现了基于网络和人工智能的个性化培训方案设计。

3. 可以提升培训实施阶段的工作效率

在传统的企业培训模式下，培训教师的选择、培训时间的安排以及培训方式的应用等都会受到时间、空间、设备和资源上的限制，使得培训效果不够显著。而依托于人工智能技术的培训系统可以很好地解决这些问题，使得企业员工培训变得更加智能化与网络化：智能化培训系统的网上授课模式可以打破时空限制，使受训者接触到国内外的优秀培训资源，提升培训效果；受训者还可以借助人工智能语音识别、图像识别等技术将疑问上传至培训系统，借助培训系统的中央数据库将问题进行分析整合，最终获得答案；在培训方式上，AR/VR等技术可以为受训者模拟现实场景，增强培训的效用性和实用性。

4. 可以提升培训效果评估的准确性

目前很多企业对于培训效果评估的认知还停留在培训结束后对员工知识技能方面的考核，而在这样的传统培训模式下极易出现无效培训，从而在没有达成企业培训目标的同时还浪费了大量资源，这也使得部分企业的高管形成了一种"培训根本没有用"的观念。而为了保证培训取得预期效果，人工智能将会对整个培训过程进行评估，借助企业的大数据平台和柯氏四级培训评估模式，从反应、学习、行为、成果四个层面对本次培训进行全方位、综合性的考核，并对整个培训过程进行总结与反馈，从而为下一次的培训提供参考和指导意见。

（三）利用人工智能技术，提升企业人力资源管理水平

1. 提升人力资源规划水平

企业在制订人力资源规划时，要对未来所需的人力资源数量和岗位进行预估，合理判断岗位供求关系，以便进行相应的人才招聘。这一般是由人力资源专业人员（HR）凭借个人经验，基于已有数据，分析企业当前的运营状况，从而判断员工和

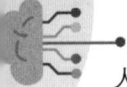

职位的匹配度。不可否认，HR具有相当的专业知识，但在面对复杂的数据统计时，人工分析总会存在一定的误差，故所得判断的准确度往往与企业实际情况有所偏差。通过引入基于人工智能的大数据分析，结合各部门人员配置情况、项目完成进度、工作实效性等，可以制订出与实际情况符合性最高、准确性更高的人力资源配置计划。

2. 提高人才选拔的精准性

传统的招聘过程是HR先筛选简历，然后在面试时对应聘者的专业背景、工作经历、个人综合素养进行了解，再结合自己对所需岗位职能的了解来判断其是否适合企业。在这一系列过程中，HR对招聘岗位的理解、HR的个人经历对招聘结果影响极大，人岗匹配质量不稳定。通过引入人工智能，可以收集某一工作岗位的工作时长、工作内容、工作地点等多种信息，对岗位职责有一个清晰的判断，据此对比应聘者个人信息即可准确地得出其是否匹配企业的空缺岗位；在后续的面试环节，人工智能可以捕捉面试者所有的表象信息，根据肢体动作和表情判断其语言的真实性，也可以根据面试者的回答进行相关提问，再结合数据系统中的信息储备做出回应。

3. 有助于留住人才

企业尤其是一些人员流动性较强行业内的企业，离职率较高是老大难问题。当企业花费时间和金钱培养出能够独当一面的人才时，却出现人才流失的情况，后续再进行招聘和培养又需要一定的时间，不利于企业的健康发展。基于人工智能，可以将所有影响企业人员离职的因素（如办公环境、岗位晋升空间、福利薪金、家庭因素、个人身体状况、部门工作满意度、工作压力、企业文化、外部市场机会等）进行权重排列，建立相应的评判模型，预测员工离职意向，为企业打"预防针"，帮助企业减少人才流失所带来的业务损失，避免出现人才流失、岗位无人胜任而长时间空缺的情况。

4. 有助于提高人才培养效率

传统意义上的培训是由有一定工作经验的企业员工来教新入职员工，但这种形式不符合现代年轻人的思维方式。很多年轻人的思维跳跃性很大，对于过来人所谓的经验信任度不高。因此，企业可以通过引入人工智能对新入职员工进行培训。人工智能可以为新入职员工模拟工作中可能出现的问题，考验其面对突发状况的应变能力；也可以以问答的形式向新入职员工灌输专业知识，最后通过考试对新入职员

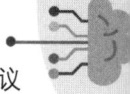

工在培训期间的收获进行综合评价，判断其是否具备胜任岗位的能力。

5. 有助于提高办公效率

在企业中，员工咨询工作需要耗费大量的人力和时间，并需要人力拥有足够的信息储备，而不同部门之间频繁沟通和传递信息不仅会提升人力成本，还会出现信息传递错误的问题。智能服务机器人的诞生可为员工提供完整的部门介绍和准确的信息传递服务，能够 24 小时不间断地为不同部门的员工提供咨询服务，大大提高了企业办公效率，节省了沟通的时间成本。

五、家庭：做好加压与减压的平衡，为实现孩子的全面可持续发展奠定基础

在全面人力资源开发框架下，家庭是特殊而又重要的主体。其特殊性在于，传统的人力资源开发往往并不强调家庭教育在人的全生命周期成长中的基础地位，更多关注学校教育、企业培养和自主开发等；其重要性在于，在人工智能时代，特别强调智能机器所不具备的人类个体的能力素质培养，而在包括情感技能、自我认知、价值观在内的能力素质培养中，家庭教育发挥着不可替代的作用。

习近平总书记在 2015 年春节团拜会上的讲话中指出，"家庭是社会的基本细胞，是人生的第一所学校。不论时代发生多大变化，不论生活格局发生多大变化，我们都要重视家庭建设，注重家庭、注重家教、注重家风，紧密结合培育和弘扬社会主义核心价值观，发扬光大中华民族传统家庭美德，促进家庭和睦，促进亲人相亲相爱，促进下一代健康成长，促进老年人老有所养，使千千万万个家庭成为国家发展、民族进步、社会和谐的重要基点"[①]。

在人工智能时代，人类不仅要面对传统的人与人之间的竞争合作关系，还要面对智能机器深入应用所带来的人与机器之间的竞争与协作共生关系的挑战。

作为家庭，一方面要更重视孩子综合素质的培养，加大人力资本投资的力度；另一方面要认识到传统的应试教育虽然可以在眼下的考试和升学方面发挥作用，但从可持续发展的角度看，却在进一步激化孩子对知识和学习的逆反心理，弱化其终身学习的兴趣和能力。因此，如何做好加压与减压的平衡，如何通过良好的家庭教

---

① 习近平：在 2015 年春节团拜会上的讲话［EB/OL］.（2015 – 02 – 17）. http://www.xinhuanet.com/politics/2015 – 02/17/c_ 1114401712. htm.

育和适度的家庭教育投资为孩子未来的可持续发展奠定能力素质基础，是每个家庭必须认真思考的命题。

六、个体：终身学习、全面发展、人机共生

作为人力资源开发的主体之一，个体如何在人工智能时代规划好学习成长是最为关键的一个环节，其他主体的所有努力最终都要落到个体层面来实现，个体的学习动机激发、学习方式转变、学习效果达成等是实现全面人力资源开发的"最后一公里"。

面对"人工智能时代到来的话，你们对年轻人有什么建议"这一问题，广东以色列理工学院院长李剑阁的回答是："我会对我的学生讲，你选择专业虽然需要慎重，但是你也要时刻准备改变你的专业。"①

罗兰·贝格公司的CEO常博逸认为，未来的毕业生应该是"游牧者"，他们不再会一辈子被锁定在某一行业或某一岗位，而是要在不同行业和岗位之间自由切换。

麦肯锡公司的一份报告认为，未来相当比例的人类活动都可能被人工智能替代，这种替代并不像以往机械臂取代人力那么简单，甚至公司CEO的一些经营管理决策都可能被替代。麦肯锡公司董事长鲍达民给年轻人的建议是：终身学习。他进一步指出，对教育而言，所面临的挑战在于如何让受教育者做好应对准备，以适应未来的世界。

在耶鲁大学校长苏必德看来："要想知道未来高等教育是什么样子，这非常困难"，但能确定的是，"我们所提供的教育是为目前并不存在的工作机会和挑战而准备的"，重要的是"我们要塑造那些具有普遍技能的终身学习者"。同时，他不认为在线教育会取代那种师生在课堂中面对面教学的模式。

面对人工智能可能给职业教育带来的影响，深圳职业技术学院原党委书记陈秋明认为："高职院校毕业生不仅要掌握一门高技术技能，其职业生涯拓展能力也会越来越重要。"②

李开复总结了人工智能时代最核心、最有效的学习方法：主动挑战极限；从实

---

① 人工智能简明知识读本编写组. 人工智能简明知识读本［M］. 北京：新华出版社，2017.

② 陈秋明. 人工智能背景下如何建设世界一流职业院校［J］. 高等工程教育研究，2018（6）.

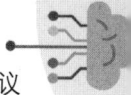

践中学习；通过启发式教育来培养学生的创造力和独立解决问题的能力；充分利用在线学习的优势，实现教育资源的共享；主动向机器学习；既学习人—人协作，又学习人—机协作；学习要追随兴趣，只要追随兴趣，就更有可能找到一个不易被机器替代的工作。①

距 1996 年联合国教科文组织提出的 21 世纪教育的四大支柱——学会求知、学会做事、学会共处、学会做人——已过去 20 余年，这四个"学会"涵盖了教育促进人的全面发展的基本内涵，对人工智能时代的教育和学习依然具有启发和指导意义。②

（1）学会求知：最重要的学习是学会如何学习。人生道路很漫长，从学校学习到的东西只是人生路上很小的一部分，在你未来的生活与工作中，会遇到很多未知的东西，需要掌握越来越多现在还没有发明出来的新技术，这就需要你终身不断地学习。要从小就养成良好的学习习惯，热爱学习，主动学习，善于学习，高效学习，与人工智能共同学习。

（2）学会做事：在学习中不仅要关注知识学习，还要重视社会实践，要培养在不同环境中做事的能力。不仅要学会自己动手实践操作，锻炼自己解决实际问题的能力，还要善于协调人际关系，学会社会化交往沟通、团队合作，提高组织领导力，敢于担当。特别要强调的是，在整个世界都信息化的新时代，需要学习并能娴熟地运用信息技术高效率地做事，学会充分利用计算机、云计算、移动终端和各种软件，特别是人工智能技术，以辅助自己的学习和生活，这对个体的全面发展至关重要。

（3）学会共处：人的成长是在社会环境中与他人一起学习和生活，从而练就与他人合作共处的生存和发展能力。要从身边的人开始，对亲人、同学、老师、邻居等有爱心、同理心，尊重他人，热心助人；还要学会与大自然和谐共处，树立绿色发展理念；更要学会与人工智能和其他新技术共处。未来的社会不是简单地用机器替代人类的重复性劳动，而是机器和人类各自发挥自己的长处，机器做人类做不到的事情，人类做机器无法做的事情，相互取长补短，共同发展。

（4）学会做人：人在一生中要培养生存和发展的能力。人不仅要重视基本知识技能的学习，更要重视人工智能所无法替代的只有人才具有的能力的培养。比如，要培养正确的情感态度与价值观，做到自尊、自信、自立、自强，充分发挥潜能，

①　李开复，王咏刚. 人工智能［M］. 北京：文化发展出版社，2017.
②　黎加厚. 人工智能时代的教育四大支柱：写给下一代的信［J］. 人民教育，2018（1）.

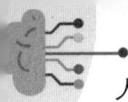

发展个性和特长，提高综合素养，培养创新精神，永远充满好奇心和想象力。

无论是探讨人工智能给社会经济发展和人类自身带来的深刻影响，还是探讨微观和宏观层面的人力资源开发问题，本身都是比较宏大的研究命题，将两者结合起来进行研究，面临的一个难题就是研究思路的整合和研究框架的搭建。本书提出的全面人力资源开发理念以及构建的理论分析框架可为国家和区域层面协调推进高水平人力资源开发提供一个新的视角。以人工智能为代表的新一轮技术革命，一方面对人力资源开发的全面性提出了更高要求——譬如，未来的劳动者既要具备人与人之间竞争合作的能力，同时还要具备人与智能机器之间竞争协作的能力；另一方面也为破解如何更好地实现对人力资源的全面开发这一难题提供了技术层面的可能性——譬如，因材施教和个性化教育的实现。囿于研究基础、研究能力和研究周期等的限制，本书在如何借助互联网、大数据和人工智能技术来推动全面人力资源开发落地方面只是做了比较初步的探索，人工智能背景下的学校教育、企业培训以及政府层面的人力资源开发与管理等专项研究还亟待深入。

附录 "人工智能对人力资源开发的影响" 调查问卷

您好，我们是深圳职业技术学院管理学院的老师。这份问卷旨在研究人工智能大规模商用对人力资源开发的影响。问卷填写时间大约需要 10 分钟。问卷采用匿名作答方式，调查结果会受到系统严格保密处理。我们郑重保证不会将您的填写结果透露给任何第三方。

另外，本调查侧重对人工智能大规模商用与人力资源开发的相关性进行总体分析，并不关注某一组织或者个人的填写结果。因此，您不必有任何顾虑，请根据您所在组织和自己的实际情况如实填写。您所填写的一切资料仅用于纯学术研究，不用于任何商业用途。

感谢您参与本次在线问卷调查，祝您身体健康，工作、学习顺利！

一、基本信息

1. 您的性别是：

A. 男   B. 女

2. 您的年龄是：

A. 18~24 岁   B. 25~34 岁   C. 35~44 岁

D. 45~54 岁   E. 55 岁及以上

3. 您的最高学历是：

A. 高中及以下   B. 大专   C. 本科

D. 硕士研究生   E. 博士研究生

4. 您的工作年限为：

A. 1 年以内   B. 1~5 年   C. 6~10 年

D. 10 年以上

5. 您所在的行业是：

A. 制造   B. 能源   C. 建筑与房地产

D. 批发与零售   E. 金融   F. 物流

G. 住宿与餐饮　　　　　H. 信息技术（IT）　　　I. 教育

J. 卫生　　　　　　　　K. 文化、体育　　　　　L. 商业服务、社会服务

M. 公共管理、社会组织　N. 其他

6. 您的身份是：

A. 在校学生　　　　　　B. 企业人士　　　　　　C. 公务员

D. 事业单位人员　　　　E. 自由职业　　　　　　F. 退休或无业

G. 其他

二、对人工智能的基本认知情况

1. 您对人工智能的了解程度是：

A. 非常了解　　　　　　B. 比较了解　　　　　　C. 说不清楚

D. 不太了解　　　　　　E. 根本不了解

2. 您了解人工智能的渠道有哪些？（可多选）

A. 新闻　　　　　　　　B. 影视　　　　　　　　C. 书籍等文献

D. 亲友　　　　　　　　E. 人工智能从业人员　　F. 其他

3. 您有接触或使用过人工智能的产品或服务吗？

A. 有　　　　　　　　　B. 没有　　　　　　　　C. 不太清楚有没有

4. 您接触过以下哪些人工智能的应用？（可多选）

A. 机器翻译

B. 图像识别（人脸识别、拍照识别等）

C. 机器人（智能客服、群聊机器人、陪伴型机器人等）

D. 智能家居

E. 指纹识别

F. 无人驾驶

G. 语音助手（Siri、Googlenow 等）

H. 智能推荐

I. 其他

5. 现如今，人工智能已慢慢渗透我们的生活，譬如：天猫精灵等常用软件的应用。您平日是否会经常使用人工智能产品？

A. 每天一次及以上　　B. 每周一次及以上　　C. 每月一次及以上

D. 每年一次及以上　　E. 从不

6. 您担心人工智能的发展吗?譬如:人类的工作可能会被人工智能替代。

A. 完全不担心(替代挺好,人可以把自己解放出来做想做的事)

B. 不担心(能替代是一种生产力的进步,会诞生新的职业,社会发展会更快)

C. 有点儿担心(不要发展得太快,会带来失业,很多人都还没有做好准备)

D. 担心(会导致大批人失业,失业的人找不到新工作会影响社会稳定)

E. 很担心(人类会不会被超级智能或者超级智能组织控制)

F. 说不清楚

7. 假如现在有一个人工智能机器人医生和一个真人医生都可以为您看病,您的选择是:

A. 真人医生　　　　　B. 机器人医生　　　　　C. 不好说

8. 您最关注的人工智能应用领域有哪些?(可多选)

A. 教育　　　　　　　B. 金融　　　　　　　C. 交通

D. 医疗　　　　　　　E. 制造　　　　　　　F. 地产

G. 旅游　　　　　　　H. 农业　　　　　　　I. 法律

J. 环保　　　　　　　K. 其他

9. 您认为互联网及新一代人工智能等技术的应用对教育领域可能的影响程度是:

A. 完全革命性的影响　　B. 比较深刻的影响　　C. 有一定影响

D. 没有影响　　　　　　E. 不好说

10. 随着"互联网+"教育、教育人工智能技术等的深入应用,您认同"学校将会消亡"的观点吗?

A. 完全认同　　　　　B. 比较认同　　　　　C. 不太认同

D. 不认同　　　　　　E. 不好说

11. 您认同"教师将会失业"的观点吗?

A. 完全认同　　　　　B. 比较认同　　　　　C. 不太认同

D. 不认同　　　　　　E. 不好说

三、人工智能在企业或工作中的应用情况

1. 您所在企业(单位)应用人工智能的情况如何?

A. 有应用,效果不错

B. 有应用,效果不佳

C. 有一些应用，还感觉不到效果

D. 没有应用

E. 不太清楚

2. 您所在企业（单位）在人力资源管理领域运用了哪些人工智能工具？（可多选）

A. 智能招聘软件

B. 智能化辅导培训平台

C. 员工信息系统虚拟助手

D. 候选人才库

E. 集成云平台

F. 其他（请注明＿＿＿＿＿＿＿＿＿＿）

G. 不清楚

3. 您对所在企业（单位）应用人工智能的态度是：

A. 非常支持　　　　　　B. 支持　　　　　　C. 说不清楚

D. 不太支持　　　　　　E. 很不支持

4. 您所在企业（单位）和员工对人工智能应用的态度是：

A. 非常积极　　　　　　B. 比较积极　　　　　　C. 说不清楚

D. 不太积极　　　　　　E. 很不积极

5. 您是否接受过人工智能相关培训？

A. 有比较充分的培训

B. 有满足工作需要的培训

C. 只有简单的培训

D. 没有

6. 如果要您接受人工智能相关培训，您对哪些主题最感兴趣？（可多选）

A. 人工智能的普及性知识

B. 人工智能对人类经济、社会发展的影响分析

C. 人工智能技术目前的应用场景介绍

D. 人工智能科学与技术研究进展介绍

E. 人工智能产业发展情况介绍

F. 国家人工智能发展规划和相关政策解读

G. 人工智能技术应用的技能培训

H. 其他（请注明＿＿＿＿＿＿＿＿＿＿）

7. 您认为人工智能与人力资源之间的关系是：

A. 竞争关系（人工智能更加高效准确，人类的很多工作会被替代）

B. 补充关系（人工智能在有些方面能比人类做得更好，可以作为人类的助手）

C. 协作关系（未来的工作离不开人工智能的应用，人机协同工作是趋势）

8. 您认为人工智能在组织中的应用可能会有哪些障碍？（可多选）

A. 员工传统观念未完全改变，产生抵触情绪

B. 管理者的理念和能力没跟上

C. 宣传不到位，缺乏正确认识

D. 组织自身的信息化基础比较薄弱

E. 没有专业的技术支持团队

F. 人工智能产品还不成熟，不好用

G. 资金不足

H. 其他

I. 不会有什么障碍

9. 您认为人工智能时代对员工（或管理者）的哪些方面可能会有更高的要求？（可多选）

A. 专业技能　　　　B. 创新能力　　　　C. 人际交往能力

D. 沟通能力　　　　E. 领导能力　　　　F. 学习能力

G. 其他

10. 人工智能有人类难以比拟的一些优势，其对一些职业、岗位和工作任务的替代是一种趋势，但人类也有自身的优势，您认为人类最应该具备的抗机器替代的能力有哪些？（可多选）

A. 专业技能　　　　B. 创造力　　　　C. 同理心

D. 复杂沟通能力　　E. 社交能力　　　　F. 领导能力

G. 学习能力　　　　H. 其他

11. 人机协同可能是未来的主要工作场景，您认为人类最应该具备的人机协同能力和素养有哪些？（可多选）

A. 计算思维　　　　B. 编程能力　　　　C. 科学素养

D. 数据素养　　　　E. 人文素养　　　　F. 领导能力

G. 学习能力　　　　H. 合作能力　　　　I. 其他

12. 您信任人工智能工具计算的结果或提出的建议吗？

A. 完全信任　　　　B. 比较信任　　　　C. 不太信任

D. 不信任　　　　　E. 不好说

13. 您愿意为人工智能工具的行为和后果负责吗?

A. 愿意负全责 　　　　　　　　　　　　　B. 愿意负一部分责任

C. 不愿意 　　　　　　　　　　　　　　　D. 说不清楚

14. 您愿意接受智能系统对您工作的监督和评估吗?

A. 愿意 　　　　　　B. 比较愿意 　　　　　　C. 不太愿意

D. 不愿意 　　　　　E. 说不清楚

15. 您认为人工智能对企业人力资源管理工作可能会有哪些帮助?(可多选)

A. 有效帮助企业降低用人成本

B. 减轻人力资源部门的工作量

C. 提供契合企业发展战略的薪酬体系和绩效考核方案

D. 促进各部门间的协调沟通

E. 更加系统、准确地规划企业未来的人力发展,包括人力预测、人力增补和人员培训

F. 有利于合理地配置、运用已有的人力资源,以配合企业发展的需要

G. 其他

H. 没有帮助

I. 说不清楚

四、对未来人工智能发展可能的影响和应对方面的看法

1. 从产业角度区分,您觉得未来人工智能可能对哪些产业的工作冲击比较大?(可多选)

A. 第一产业(农业等) 　　　　　　　　　B. 第二产业(制造业等)

C. 第三产业(服务业等) 　　　　　　　　D. 不好说

2. 从行业角度区分,您觉得未来人工智能可能对哪些行业的工作冲击比较大?(可多选)

A. 农业 　　　　　　B. 采矿业 　　　　　　C. 制造

D. 能源 　　　　　　E. 建筑与房地产 　　　F. 批发与零售

G. 金融 　　　　　　H. 物流 　　　　　　　I. 住宿与餐饮

J. 信息技术(IT) 　　K. 教育 　　　　　　　L. 卫生

M. 文化、体育 　　　N. 商业服务、社会服务　O. 公共管理、社会组织

P. 其他 　　　　　　Q. 不好说

3. 从职业类型角度区分，您觉得未来人工智能可能对哪些类型的职业冲击比较大？（可多选）

    A. 技能型   B. 研究型   C. 艺术型

    D. 经营型   E. 社交型   F. 事务型

    G. 其他   H. 不好说

4. 从岗位职能类型角度区分，您觉得未来人工智能可能对哪些类型的岗位冲击比较大？（可多选）

    A. 高级管理类   B. 人力资源管理类   C. 财务与会计类

    D. 行政管理类   E. 生产类   F. 销售类

    G. 营销类   H. 物流仓储类   I. 技术研发类

    J. 技能类   K. 其他   L. 不好说

5. 从管理岗位层次角度区分，您觉得未来人工智能可能对哪个岗位层次冲击比较大？

    A. 基层管理岗位   B. 中层管理岗位   C. 高层管理岗位

    D. 差不多   E. 不好说

6. 从劳动性质角度区分，您觉得未来人工智能可能对哪种性质的劳动冲击比较大？

    A. 脑力劳动   B. 体力劳动   C. 不好说

7. 从工作任务性质角度区分，您觉得未来人工智能可能对哪种性质的工作任务冲击比较大？（可多选）

    A. 标准化的工作任务   B. 程序化的工作任务   C. 重复性的工作任务

    D. 创造性的工作任务   E. 人际性的工作任务   F. 计算性的工作任务

    G. 复杂性的工作任务   H. 精神/情感性的工作任务

    I. 其他   J. 不好说

8. 为了更好地迎接人工智能时代的到来，您认为政府层面应该做些什么？（可多选）

A. 制订相关发展规划

B. 出台相应产业支持政策

C. 加强相关人才培养

D. 加强舆论宣传引导，让人们正确认识人工智能的发展

E. 尽快研究制定相关法律法规，确保人工智能发展的正确方向

F. 加快制定人工智能发展相关技术标准、产品标准等

G. 积极应对人工智能可能带来的负面影响

H. 加强国际合作，共同促进智能产业的发展

I. 其他

9. 为了更好地迎接人工智能时代的到来，您认为学校层面应该做些什么？（可多选）

A. 开设人工智能相关学科、专业和课程

B. 参与人工智能相关科学研究和技术研发

C. 应用教育人工智能技术，提升教师教学水平

D. 应用教育人工智能技术，激发学生学习兴趣，提升学生学习效果

E. 应用教育人工智能技术，实现对学生的个性化培养

F. 应用教育人工智能技术，实现更科学、更高效、更精确的学习评价

G. 应用教育人工智能技术，实现学校管理的智能化

H. 切实提升学生的抗机器替代能力和人机协同工作能力

I. 深化相关领域产教融合、校企合作，与企业一道面对人工智能带来的机遇和挑战

J. 教育是个特殊领域，人才培养有其特殊规律，技术应用对人才培养的影响有限，学校不需要特别做些什么

K. 其他

10. 人工智能对企业人力资源的"选、用、育、留"可能都会产生影响，在人力资源的培训与开发方面，您认为企业层面应该做些什么？（可多选）

A. 采用多种方式加强人工智能知识的普及，为企业引入人工智能应用做好宣传和引导

B. 针对人工智能技术在企业中的具体应用，开设相关知识和技能培训

C. 有针对性地加强对员工能力和信息素养等方面的培训，与员工共同迎接人工智能给企业发展带来的机遇和挑战

D. 鼓励和支持员工自主学习，引导员工做好职业发展规划

E. 营造团队和企业学习的文化氛围，完善相应的激励约束机制，建设学习型企业

F. 为了更好地选拔、培养和留住人才，加强与相关院校在人才培养方面的校企合作

G. 员工是自身成长的第一责任人，企业只需负责开展工作必需的培训

H. 其他

11. 为了更好地迎接人工智能时代的到来，您认为个体层面应该做些什么？（可多选）

A．主动关注人工智能等新技术革命给经济、社会和个人发展带来的影响，做好抓机遇、迎挑战的思想准备

B．有针对性地加强创新意识、创造能力等方面的培养，增强自身抗机器替代的能力

C．有针对性地加强信息素养、合作能力等方面的培养，以更好地适应未来的人机协同工作场景

D．加强对未来职业发展的规划，以更好地迎接人工智能给个人发展带来的机遇和挑战

E．不管未来人工智能发展到什么程度，只要坚持终身学习，不断提升自我的综合能力和素养，一定能有效应对

F．现在关于人工智能的影响都是预测，未必成真，不需要大惊小怪，个人也不需要有什么特别的应对

G．其他

参考文献

［1］习近平. 在中国共产党第十九次全国代表大会上的报告［EB/OL］.（2017 – 10 – 27）. www. gov. cn/zhuanti/2017 – 10/27/content_ 5234876. htm.

［2］习近平就加快发展职业教育作出重要指示［EB/OL］.（2014 – 06 – 24）. http://cpc. people. com. cn/n/2014/0624/c64094 – 25189804. html.

［3］李德毅. 人工智能导论［M］. 北京：中国科学技术出版社，2018.

［4］汪堂家. 哲学的逻辑表达与逻辑的哲学分析：从概念、定义与命题理论看莱布尼兹的逻辑哲学观［J］. 复旦学报，2005（3）.

［5］腾讯研究院，等. 人工智能：国家人工智能战略行动抓手［M］. 北京：中国人民大学出版社，2017.

［6］李开复，王咏刚. 人工智能［M］. 北京：文化发展出版社，2017.

［7］康德. 逻辑学讲义［M］. 许景行，译. 北京：商务印书馆，2010.

［8］张志祯，张玲玲，李芒. 人工智能教育应用的应然分析：教学自动化的必然与可能［J］. 中国远程教育，2019（1）.

［9］侯世达. 哥德尔、艾舍尔、巴赫：集异璧之大成［M］. 郭维德，等译. 北京：商务印书馆，1996.

［10］尼克. 人工智能简史［M］. 北京：人民邮电出版社，2017.

［11］蔡自兴. 中国人工智能40年［J］. 科技导报，2016，34（15）.

［12］贲可荣，张彦铎. 人工智能［M］. 3版. 北京：清华大学出版社，2018.

［13］郑南宁. 人工智能本科专业知识体系与课程设置［M］. 北京：清华大学出版社，2019.

［14］戴潘. 福多"概念"理论研究［D］. 上海：复旦大学，2010.

［15］陈跃翰. 关于概念的几种理论［J］. 新东方，2017（1）.

［16］赵小娜. 概念是如何产生的：从哲学和语言学的视角看［J］. 华中师范大学研究生学报，2013（2）.

［17］赵艺. 论概念研究的转向［J］. 湖南科技大学学报，2005（5）.

[18] 梁庆寅. 传统逻辑与现代逻辑的定义理论比较 [J]. 中山大学学报, 1997 (5).

[19] 王寅. 范畴三论: 经典范畴、原型范畴、图式范畴: 论认知语言学对后现代哲学的贡献 [J]. 外文研究, 2013 (1).

[20] 赵小娜. 概念起源问题的新问题及其解 [J]. 江海学刊, 2014 (3).

[21] 邵志芳. 概念的多重表征形式及其双极结构模型 [J]. 华东师范大学学报, 2006 (4).

[22] 韩劢, 莫雷. 分类研究中的原型与样例观 [J]. 心理学探新, 2000 (2).

[23] 褚宇明, 傅小兰. 样例理论的发展及其争论 [J]. 心理学动态, 2001 (4).

[24] 曹瑞, 阴国恩. 分类理论的发展对课堂教学模式改革的启示 [J]. 天津市教科院学报, 2010 (1).

[25] 国务院发展研究中心国际技术经济研究所, 等. 人工智能全球格局: 未来趋势与中国位势 [M]. 北京: 中国人民大学出版社, 2019.

[26] 蔡曙山, 薛小迪. 人工智能与人类智能: 从认知科学五个层级的理论看人机大战 [J]. 北京大学学报, 2016 (4).

[27] 皮埃罗·斯加鲁菲. 智能的本质 [M]. 任莉, 张建宇, 译. 北京: 人民邮电出版社, 2017.

[28] 史蒂芬·卢奇, 丹尼·科佩克. 人工智能 [M]. 林赐, 译. 北京: 人民邮电出版社, 2018.

[29] 尤瓦尔·赫拉利. 人类简史 [M]. 林俊宏, 译. 北京: 中信出版社, 2014.

[30] 霍华德·加德纳. 智能的结构 [M]. 沈致隆, 译. 杭州: 浙江人民出版社, 2013.

[31] 欧文·M. 柯匹, 卡尔·科恩. 逻辑学导论 [M]. 13 版. 张建军, 潘天群, 顿新国, 等译. 北京: 中国人民大学出版社, 2014.

[32] RUSSELL S J, NORVIG P. 人工智能: 一种现代的方法 [M]. 3 版. 殷建平, 祝恩, 刘越, 等译. 北京: 清华大学出版社, 2013.

[33] GAZZANIGA M S, LVRY R B, MANBGUN G R. 认知神经科学: 关于心智的生物学 [M]. 周晓林, 高定国, 等译. 北京: 中国轻工业出版社, 2011.

[34] GOIDSTEIN E B. 认知心理学: 心智、研究与你的生活 [M]. 3 版. 张明, 等译. 北京: 中国轻工业出版社, 2015.

[35] UNGERER F, SCHMID H-J. 认知语言学入门 [M]. 2 版. 北京: 外语教学与研究出版社, 2008.

［36］张国. 人工智能时代需要"游牧"的学生［N］. 中国青年报, 2017 - 03 - 27 (12).

［37］罗兰·贝格管理咨询公司. 人工智能驱动型企业［R/OL］. (2018 - 06 - 29). https://www. rolandberger. com/zh/Publications/人工智能驱动型企业. html.

［38］斯坦福重磅报告: 2030 年的人工智能与生活［R/OL］. (2017 - 12 - 07). https://www. sohu. com/a/208936691_236505.

［39］深圳市统计局. 深圳市 2010 年人口普查资料［M］. 北京: 中国统计出版社, 2012.

［40］深圳市统计局. 深圳市 2015 年全国 1% 人口抽样调查主要数据公报［EB/OL］. http://www. sztj. gov. cn/xxgk/tjsj/tjgb/.

［41］中华人民共和国国家统计局. 中国统计年鉴: 2019［M］. 北京: 中国统计出版社, 2019.

［42］窦志铭, 等. 深圳市在业人口状况研究报告［R］. 内部资料. 2012.

［43］蔡昉. 避免"中等收入陷阱": 探寻中国未来的增长源泉［M］. 北京: 社会科学文献出版社, 2012.

［44］统计局: 劳动年龄人口在相当长时期里出现绝对下降［EB/OL］. (2013 - 01 - 19). http://news. xinhuanet. com/fortune/2013 - 01/19/c_124251852. htm.

［45］理查德·斯旺森, 埃尔伍德·霍尔顿. 人力资源开发［M］. 王晓辉, 译. 北京: 清华大学出版社, 2008.

［46］张立富. 人力资源开发［M］. 天津: 南开大学出版社, 2009.

［47］张德. 人力资源开发与管理［M］. 北京: 清华大学出版社, 2012.

［48］萧鸣政. 人力资源开发与管理: 在公共组织中的应用［M］. 北京: 北京大学出版社, 2009.

［49］蔡昉. 中国人口与劳动问题报告 (No. 10): 提升人力资本的教育改革［M］. 北京: 社会科学文献出版社, 2009.

［50］叶文梓. 深圳人力资源开发的战略地位、责任与举措［J］. 深圳大学学报 (人文社会科学版), 2005 (6).

［51］郑新立. 提高人力资源能力问题研究［M］. 北京: 中国计划出版社, 2008.

［52］宋晓悟. 中国人力资源开发与就业［M］. 北京: 中国劳动出版社, 1997.

［53］陈国良. 中国人力资源开发与教育发展战略研究报告［R］. 上海: 上海人民出版社, 2007.

［54］教育部教育规划与战略研究理事会. 人力资本投资与发展方式转型［M］. 北京：教育科学出版社，2012.

［55］丁仁船，张航空. 中国"人口红利"研究现状与评述［J］. 长春理工大学学报（社会科学版），2012（8）.

［56］高建昆. 中国人口转变与人口红利分析［J］. 当代经济研究，2012（4）.

［57］刘福垣. 人口红利是个伪命题［J］. 中国人力资源开发，2011（6）.

［58］王德文，蔡昉，张学辉. 人口转变的储蓄效应和增长效应：论中国增长可持续性的人口因素［J］. 人口研究，2004，28（5）.

［59］加里·贝克尔. 人力资本理论：关于教育的理论和实证分析［M］. 郭虹，熊晓琳，王筱，等译. 北京：中信出版社，2007.

［60］胡鞍钢，才利民. 从"六普"看中国人力资源变化：从人口红利到人力资源红利［J］. 清华大学教育研究，2011（4）.

［61］腾讯研究院. 腾讯人工智能白皮书2020［EB/OL］. https://wenku.baidu.com/view/71751a02ba4ae45c3b3567ec102de2bd9605de81.html#.

［62］沃尔特·艾萨克森. 史蒂夫·乔布斯传［M］. 管延圻，魏群，余倩，等译. 北京：中信出版社，2015.

［63］李芒，孔维宏，李子运. 问"乔布斯之问"：以什么衡量教育信息化作用［J］. 现代远程教育研究，2017（3）.

［64］陈晓珊. 人工智能时代重新反思教育的本质［J］. 现代教育技术，2018（1）.

［65］杜占元. 人工智能与未来教育变革［J］. 重庆与世界，2018（6）.

［66］王竹立. 碎片与重构2：面向智能时代的学习［M］. 北京：电子工业出版社，2018.

［67］杨浩，郑旭东，朱莎. 技术扩散视角下信息技术与学校教育融合的若干思考［J］. 中国电化教育，2015（4）.

［68］俞敏洪. 互联网颠覆不了教育［DB/OL］.（2015-11-28）. http://edu.qq.com/a/20151128/035949.htm.

［69］曹培杰. 智慧教育：人工智能时代的教育变革［J］. 教育研究，2018（8）.

［70］王竹立. 技术是如何改变教育的：兼论人工智能对教育的影响［J］. 电化教育研究，2018（4）.

［71］顾明远. 未来教育的变与不变［N］. 中国教育报，2016-08-11（3）.

［72］王亚飞，刘邦奇. 智能教育应用研究概述［J］. 现代教育技术，2018（1）.

［73］张治，李永智，游明. "互联网+"时代的教育治理［M］. 上海：华东师范大学出版社，2018.

[74] 曹晓明."智能+"校园：教育信息化2.0视域下的学校发展新样态[J]. 远程教育杂志，2018（4）.

[75] 伯尼·特里林，查尔斯·菲德尔.21世纪技能：为我们所生存的时代而学习 [M]. 洪友，译. 天津：天津社会科学院出版社，2011.

[76] 杰夫·科尔文. 不会被机器替代的人：智能时代的生存策略 [M]. 俞婷，译. 北京：中信出版社，2017.

[77] 约瑟夫·E. 奥恩. 教育的未来：人工智能时代的教育变革 [M]. 李海燕，王秦辉，译. 北京：机械工业出版社，2019.

[78] 人工智能简明知识读本编写组. 人工智能简明知识读本 [M]. 北京：新华出版社，2017.

[79] 陈秋明. 人工智能背景下如何建设世界一流职业院校 [J]. 高等工程教育研究，2018（6）.

[80] 杨现民，张昊，郭利明，等. 教育人工智能的发展难题与突破路径 [J]. 现代远程教育研究，2018（3）.

[81] 祝智庭，彭红超，雷云鹤. 智能教育：智慧教育的实践路径 [J]. 开放教育研究，2018（4）.

[82] 綦春霞，何声清. 基于"智慧学伴"的数学学科能力诊断及提升研究 [J]. 中国电化教育，2019（1）.

[83] 梁迎丽，刘陈. 人工智能教育应用的现状分析、典型特征与发展趋势 [J]. 中国电化教育，2018（3）.

[84] 鲍日勤. 人工智能时代的教与学变迁与开放大学2.0新探 [J]. 现代远程教育研究，2018（3）.

[85] 科大讯飞官网，http://www.iflytek.com/content/details_17_2120.html.

[86] 潘云鹤. 人工智能2.0与教育的发展 [J]. 中国远程教育，2018（5）.

[87] 戴永辉，徐波，陈海建. 人工智能对混合式教学的促进及生态链构建 [J]. 现代远程教育研究，2018（2）.

[88] 刘德建，杜静，姜男，等. 人工智能融入学校教育的发展趋势 [J]. 开放教育研究，2018（4）.

[89] 章晶晶，王钰彪. 作为构建新时代"全面培养的教育体系"必由之路的教育信息化 [J]. 中国电化教育，2019（1）.

[90] 黎加厚. 人工智能时代的教育四大支柱：写给下一代的信 [J]. 人民教育，2018（1）.

[91] 吴军. 智能时代：大数据与智能革命重新定义未来 [M]. 北京：中信出

版社，2016.

［92］蔡跃洲，陈楠. 新技术革命下人工智能与高质量增长、高质量就业［J］. 数量经济技术经济研究，2019（5）.

［93］曹静，周亚林. 人工智能对经济的影响研究进展［J］. 经济学动态，2018（1）.

［94］陈明生. 人工智能发展、劳动分类与结构性失业研究［J］. 经济学家，2019（10）.

［95］教育部等六部门关于印发《职业学校校企合作促进办法》的通知［EB/OL］. (2018－02－22). http://www. gov. cn/xinwen/2018－02/22/content_ 5267973. htm.

［96］国务院办公厅关于深化产教融合的若干意见［EB/OL］. (2017－12－19). http://www. gov. cn/xinwen/2017－12/19/content_5248592. htm.

［97］姜大源. 完善职业教育和培训体系：现状、愿景与当务［J］. 中国职业技术教育，2017（34）.

［98］王继平. 奋力办好新时代职业教育和继续教育［N］. 中国教育报，2017－12－01.

［99］钱闻明. "深化产教融合"政策的理论、文本及机制研究［J］. 职教论坛，2018（11）.

［100］国务院关于印发国家职业教育改革实施方案的通知［EB/OL］. (2019－02－13). http://www. gov. cn/zhengce/content/2019－02/13/content_ 5365341. htm.

［101］李亚军，等. 人口结构变动与加快经济发展方式转变研究：以深圳为例［R］. 内部资料. 2012.

［102］李亚军，等. 深圳"十三五"期间人力资源开发策略问题研究：基于人口发展变化的视角［R］. 内部资料. 2019.

［103］李亚军. 全面人力资源开发与职业学校教育的定位［J］. 职教论坛，2014（34）.

［104］李亚军. 对职业教育对象群体的再认识：人力资源开发的视角［J］. 职教论坛，2014（10）.

［105］李亚军. 企业大学功能演进与职业教育产教融合、校企合作［J］. 中国职业技术教育，2019（19）.

［106］马少平，朱小燕. 人工智能［M］. 北京：清华大学出版社，2004.

后 记

　　本书是深圳市哲学社会科学规划课题"人工智能大规模商用对深圳人力资源开发的影响与对策研究"的最终成果。课题组成员柳娟博士全程参与了课题调查问卷的设计、发放、数据整理和分析，贡献良多。课题组成员牛莹芳、杨志宁、邓洁华、孙晓岭、林春彩、曾翔昊老师等多次参与讨论分析，贡献了不少观点。深圳大学高文秀教授、兰州大学郑刚博士、广东省人力资源研究会秘书长陈国海教授为本研究提供了协助。香港中文大学肖舟同学参与了数据搜集工作。深圳市商祺企业管理咨询有限公司总经理楚天、中华商务联合印刷有限公司培训中心经理邓小军、万科祥盈企服 HR 数字化专家吴伦等企业朋友为本研究提供了宝贵支持。

　　书中引用了众多学者和机构的研究成果，已尽量按学术规范要求注明了出处，但唯恐仍有错漏，在此致谢并务请海涵。

　　与本书策划人黄圣英女士、责任编辑郑晓玲女士的沟通非常顺畅，她们的专业精神让人肃然起敬。

　　深圳职业技术学院的窦志铭教授、罗刚教授、李建求教授、徐平利教授、李志德博士、向吉英教授、曹科岩教授、郑艳女士等领导和同事为本研究提供了指导和帮助，在此一并致谢。

李亚军

2021 年 4 月